黑龙江省教育科学"十三五"规划 2018 年度课题

课题名称：基于环境设计专业项目课程改革研究

课题编号：GJC1318080

项目课程理论开发

许　妍◎著

吉林人民出版社

图书在版编目 (CIP) 数据

项目课程理论开发 / 许妍著 . –– 长春 : 吉林人民
出版社 , 2021.11
　　ISBN 978–7–206–18677–6

　　Ⅰ . ①项… Ⅱ . ①许… Ⅲ . ①职业教育 – 课程建设 –
研究 – 中国 Ⅳ . ① G719.2

　　中国版本图书馆 CIP 数据核字 (2021) 第 221689 号

项目课程理论开发

XIANGMU KECHENG LILUN KAIFA

著　　者：许　妍
责任编辑：金　鑫　　　　　　　　　　封面设计：袁丽静
吉林人民出版社出版 发行（长春市人民大街 7548 号）　邮政编码：130022
印　　刷：石家庄汇展印刷有限公司
开　　本：710mm × 1000mm　　1/16
印　　张：12.25　　　　　　　　　字　　数：224 千字
标准书号：ISBN 978–7–206–18677–6
版　　次：2021 年 11 月第 1 版　　　印　　次：2021 年 11 月第 1 次印刷
定　　价：65.00 元

如发现印装质量问题，影响阅读，请与印刷厂联系调换。

前　言

　　21世纪，我国高职教育课程和教学改革逐渐从"理念更新"发展到"课程改革"的实践研究层面。当前，我国职业教育课程正处于深刻变革阶段，而项目课程正是这场变革的重要主导理念。如何开发项目课程？如何通过一系列清晰的操作获得完整的项目课程体系？这是课程实践者非常关注的问题。高职教育在国内已有十多年的实践经历，从人才培养目标与模式、课程体系与教学内容、实践实训教育等一直在不断探索中，各地各校都积累了丰富的经验。尽管课程改革一直受到高度重视，但总是理念探讨、模式分析多，实现新课程的技术方法研究少。

　　本书正是在这种背景下酝酿而成的，在借鉴国内外项目课程开发理念和经验的基础上，从职业课程开发的理论和实践相结合的路径上进行探索和研究，对多年来以高等职业教育为代表的应用型院校各层次教学改革的丰富经验进行了较深入的探讨。本书既有课程开发理论研究，又有课程开发的实践探索，并通过案例提供和介绍了一些课程开发的实例，希望借此给课程实践者提供一套具体、细致的项目课程开发操作方法，以便更好地推进项目课程改革实践。

　　为了便于读者对项目课程开发与实践有全面、系统的理解，本书选择具有代表性的浙江工商职业技术学院、长春职业技术学院和无锡工艺职业技术学院的部分样本专业的项目课程进行研究，探索高职教育课程改革的基本方向和高职教育项目化课程体系的实践操作模式。本书主要分为三个部分：项目课程理论与开发、项目课程设计与实施、项目课程研究与实践。具体内容包括：对国内已经取得的研究成果及实践应用进行比较研究；通过对课程体系的开发方法、课程体系形成思路、课程标准设计、课程内容组织、项目教材编写、课程活动实施、师资建设、实训条件建设等具体方法和内容等研究，探索项目化课程开发的科学方法、有效实施途径和模式；研究项目化课程体系实施的保障条件；对课题成果进行实践论证，确定研究成果的可行性、普适性及可推广性。本书借鉴国内外成功案例及理论基础，把研究重点主要放在项目课程的开发技术上。书中的案例都是精选自一些院校的项目课程开发成果，并在呈现案例时尽量保持案例的完整性，这样虽然比较占篇幅，但有利于读者获得完整的操作经验。

由于作者水平有限，书中难免存在不足之处，恳请专家和读者批评指正！

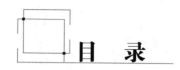

目 录

第一章　项目课程理论与开发

近年来，国内外教育改革和探索的丰富经验表明，如今的"现代项目教学"已经成长为把传统知识教学包容在内的一种更重要的教学方式，并由当前应用型院校全面育人的主要手段逐渐发展成为影响教育全局的重要教学模式。

项目课程对彻底打破以学科课程为主体的三段式课程模式，建立富有职业特色，能有效培养学生职业能力的职业教育课程模式具有重要意义，因而其价值已获得了教育行政部门与职业教育院校的普遍认可，且其开发与实施已如火如荼地展开。那么，什么是项目教学，项目课程能否作为应用型教育课程的主体模式，其理论基础是什么？如何开发项目课程？为了更好地促进项目课程实践的发展，我们必须对这些关键问题做深入、系统的探讨。

第一节　现代项目教学与应用型教育

一、现代项目教学概述

什么是现代项目教学？以项目课程为主要手段的教学就是项目教学，以项目为主要载体的课程称为项目课程。传统的知识理论教学的主要载体是语言文字：以教师讲、学生听记为主要特点。项目教学是针对传统的知识教学提出的新教学方式。

（一）项目的性质

现代项目教学中所说的"项目"是"课程教学项目"的简称。职业岗位上的（企业）项目是企业的真实活动。企业项目以营利为主要目的，课程教学项目是教学活动的主要部分，以"认知、学习"为主要目的。所以，顶岗实习与课程项目的作用各异，不能相互代替。课程项目应当具有下列性质。

1. 具体性

项目一定是一项具体工作，这项工作的情境要尽可能真实，数据要尽可能具体，它是实用的、复杂的一项具体的（以专业技术为主的）工作。

2. 操作性

要求师生动手、动脑克服困难。项目是用来"做"的，不是用来"讲"的。用来讲的不是项目，而是案例。

3. 综合性

任何一个具体工作（项目）都是跨专业、跨课程、文理融合的综合工作。项目"综合性"的含义就是将构思、设计、筹划、组织、宣传、制作、调试、维修、展示、介绍、管理、营销、服务、创建企业、运行企业、协作、竞争等工作环节联系起来，把尽可能多的专业要素联系起来，让学生尽可能参与该工作的全过程或尽可能多的工作环节。若只参与少量环节工作，就不是项目，而是环节局部能力的训练。

在项目课程中，学生受到的不是单一的技术教育（能力和知识理论），还有实际的职业道德和职业素质教育，这体现了创新教育和创业教育的综合内容，从根本上消除了单纯书本知识学习的弊端。项目最终必须有可展示的成果，此成果有效益和价值，能使自己和别人受益。项目完成之后，必须有一个成果展示过程，以此训练学生的表达能力、宣传能力、辩论能力、分析评价能力，增强学生的成就感和自豪感。

4. 设计性

项目是根据未来岗位工作的需求，由教师设计出来的，而不是把岗位工作直接搬过来，也不是随便找个工作让学生动手。

5. 典型性

用于学习的项目不是实际工作的简单模仿，而是综合了多项实际工作要素，经过精心设计并集合了实际工作中大量情境的典型工作。

6. 覆盖性

项目应当尽可能覆盖课程所有的能力点、知识点和德育内容，尽可能覆盖职业岗位工作的多种情境和工作要素。

7. 认知性

项目的展开过程应当尽可能遵循从简单到复杂、从感性到理性、从具体到抽象、从定性到定量的初学者的认知规律。项目一定要以"边做边学、零起点、小步快进、多重循环"的方式展开。

8. 主动性

教师要设计出学生感兴趣的项目。学生对这个项目要有内在的兴趣，这样才有内在的学习动力。

（二）项目教学与其他课程教学活动的区别

项目教学经过多年的发展，已经从一种辅助的教学方式成长为一种影响教育全局的重要教学模式，成为应用型院校教学的首选，被称为"现代项目教学"。但是，关于项目和项目教学，许多人的认识还停留在多年前的印象中，还有许多认知的盲区和误区。项目设计的好坏对课程的成败具有决定性影响，特别是其中的大型综合贯穿项目。大型综合贯穿项目用于学生综合能力的训练、专业应用知识的学习，以及良好职业道德和行为习惯的培养，在课程单元设计、整体设计和专业课程体系设计中都占有举足轻重的地位。在实际的课程中，应当将大型项目与小型项目（或任务）相互配合，共同完成课程教学任务，以达到课程预定的能力目标、知识目标和德育（素质）目标。

初次进行课程设计时，最容易出现的错误就是将一些"不是项目"的"课程教学活动"误以为是课程能力训练用的"项目"。下面列举一些常见的错误情况。

1. 案例不是项目

案例教学十分重要，但它不是项目教学。案例是关于已成事实的知识，可以用来展示和分析，但学生无法"参与"案例中的操作，案例也不能用于"专业技能的操作训练"。项目是一件尚未完成的具体工作，需要师生共同参与完成；项目有效益、有效果、有成果，如产品或服务；实施项目的过程有成败，项目的成果有明确的验收标准，而案例没有。所以，案例教学并不是我们所说的项目教学。

2. 传统课堂上的教学活动不是项目

传统课堂上经常开展一些认知活动用来消化、理解、巩固、记忆、再现课本知识内容，如问答、练习、游戏、读书、讨论作业等，但这些都是围绕知识的消化理解进行的活动，最多是具体工作或认识过程的片段或局部，不是完整的工作，因而不构成我们所说的"项目"。也就是说，通常的教学活动没有训练职业能力的功能，并不是项目教学。

3. "工作要素"不是项目

例如，"旅游公关礼仪"课中，求职礼仪、形象礼仪、办公室礼仪、商务礼仪、接待礼仪、社交场合礼仪都不是"项目"。项目必须是一项尽可能完整的具体工作，如"某具体会议的接待工作"，这就是"项目"。按照这项具体工作的环节，可以展开下列工作：员工招聘—联络—接待—开会—舞会—沙龙—考察（旅游）—送客，这就是各个子项目。在招聘、联络、接待、开会、舞会、考察、送客的每个具体环节中都有"自己"的"形象礼仪"问题。"形象礼仪"只是一个从具体工作过程中抽象出来的"要素"，并不是一件具体的工作，所以它本身不构成项目。

二、国内外的项目教学经验

（一）国内项目教学的情况

国内采用现代项目教学的改革早已启动。自 20 世纪 90 年代初，高等职业院校领跑了这一重要的改革。例如，深圳职业技术学院、浙江工商职业技术学院、宁波职业技术学院、深圳技师学院、常州工程职业技术学院、吉利大学、聊城职业学院、鄂州职业大学、辽宁林业职业技术学院、长春职业技术学院等大量应用型高、中职院校率先尝试了现代项目教学，获得了多项国家级、省市级教学成果奖励。

辽宁林业职业技术学院坚持多年实施现代项目教学改革，获得国家级教学成果奖后，院领导总结说："这是学院历史上参与教师人数最多、历时最长、影响最为强烈深广的一次教学整体改革活动，在广大教师中引起了一次心灵的震荡，带来了一场思想的革命。教师在'做'的过程中，改变了旧观念、理解了新观念、掌握了新方法。全体教师参加课程改革的热情极高，收获颇丰，是一次全面提高职教能力的教改活动。"

"项目教学"不仅适用于高职等应用型院校，还适用于各类大、中、小学的教学活动。例如，清华大学一直提倡的 CDIO（指工程教育模式）教学就是典型的应用型本科工科课程的教学模式，其与项目教学倡导的方向完全一致。具体来讲，CDIO 是指针对一个具体的设备，学生按照创意、设计、实施、操作的顺序完成操作。这就是应用型课程改革中所说的典型的"项目课程"。

关于小学的"项目课程",《南方都市报》曾登载了广州农林下路小学的"项目式学习"课堂教学改革,该改革经历了 4 年的实验,取得明显的效果。教师把教材内容归并,设计成学生感兴趣的"主题",用问题驱动学习。例如,四年级学《长城》一课时,教师设计的项目是"灿烂的中国世界遗产",学生用图片、视频、微电影等形式展示自己搜集的资料,然后自己点评、打分。

这些案例充分说明,项目教学适用于各类学校和各类课程,特别是传统的项目教学已经发展到"现代项目教学",从形式到内容都有了长足的进步,现代项目教学已经演变为一个全面开放的体系,吸收并融合了各类先进教育教学手段,有利于全面实现教育教学目标。

(二)美国 HTH 的项目教学

美国加州有一所高技术高中简称"HTH",该校最大的特点是全面实施基于项目的学习。校园环境完全为它的项目教学服务,整个学校看上去更像工厂的车间。师生的工作环境是开放的,工作场所就是学习场所。

各年级学生都做基于项目的学习,不按州政府的大纲上课,不按学科设课,不按传统课堂方式讲课,不按传统方式留作业,不按传统方式考试。学校和教师为学生提供适合他们的项目建议,学生自主选择项目完成,教师积极参与引导把关。工作和学习过程是连续的,没有下课铃。所有的项目都是跨学科的,只要项目需要,用到即学、学完即用、文理交融。在完成项目的过程中,教师大力鼓励学生自学、创新、创造,所有的项目成果都要有公开展示。

对学生的考核也适应项目教学的需要,11 年级之前(12 年级学完后高中毕业,升大学)没有传统的标准化考试,学生每天对完成项目的经历进行讨论、反思、记录。最重要的考核是每年一度的对社会开放的大型项目成果展览,学生平时的工作就是围绕这个展览去做项目、学知识。

在这个学校里,学生跟着专家,做工作,学本事,出成果,有效调动了学生的积极主动性,较少出现厌学、消极应付、被动、强调纪律约束等现象。教学场所只见学生匆匆来去,或手执工具动手操作,或面对资料凝神思考,或面对计算机想象设计,或三两师生交流讨论。在完成项目的过程中,学校强调师生之间的团结协作、沟通交流和竞赛激励。

学校和教师的任务就是对学生多年在校学习的全过程进行详细的顶层

设计，把学生毕业时必须掌握的知识和必须具备的能力分解到每个年级，体现到推荐给学生的大量备选项目和学习资料中。学校必须与周边社区密切合作，为学生的项目创造条件。项目的作用是全方位的，并不局限于训练技能。学生在做项目过程中必定会遇到许多问题，会做错许多事情，这就是内在的学习动力。

HTH 的经验告诉我们，教师必须设计合格的项目并具备用项目引导教学的能力。这里所说的项目是指为达到课程能力目标而设计的一件具体工作。在 HTH 中，项目是真实、有价值、综合、完整、有成果、可验收的一件具体工作。最好是由社会需求出发，按照下列步骤完成的工作：社会需求→问题驱动→边做边学→成果展示→总结反思。

这样的项目同时具有经济价值、社会价值和认知价值。在项目的实施过程中锻炼了学生的做事能力、交往能力、思维能力、（自学）认知能力和创新能力。尤其有效的是在真环境中真做，由社会实践检验。

实际上，所有的真实项目都是"综合"的、文理交融的、知识与能力相结合的。类似数学习题那样单一领域的知识并不能解决整个实际问题，所以以项目为内容的学习可以有能力目标、知识目标和德育（素质）目标，可以在着眼于做事的同时强调做人。

三、应用型教育与课程改革

（一）什么是应用型教育和应用型院校

应用型教育是相对于研究型教育、基础教育而言的一种教育类型，主张教育面向社会全体公民，其目的是育人，要为社会培养合格的公民；使受教育者主动学习成长，充分发挥自己的个性潜力，成为全面发展的人；坚持以人为本、德育为先、能力为重、全面发展；学校的所有工作都要从学生当前需要和未来发展需要出发，所有不符合这一目标的观念、思想、政策、做法都要改革。

基础教育（幼儿、小学、初中、高中）面向儿童和少年，目标是人在这一阶段的成长需求和人类基础文化知识的传承。研究型教育（普通高校）面向科研人员，目标是各学科知识理论的传承、发展和创新。应用型教育（应用型本科、专科、中职）则面向社会广大基层职业岗位的就业者，目标是把人类现有的知识理论经验应用于社会各领域，解决职业岗位上亟待解决的实际问题，更好地创造商品和服务，推进当前社会技术经济的发展和进步。对应的三类院校（基础教育学校、研究型院校、应用型院校）的人才培养目标不同，教学的内容、方法和模式也存在巨大差异。

近百年来，中国的学校一直以基础教育和研究型（高等）教育为主体，应用型教育（职业教育）作为正式教育的补充。近30年来，随着我国科学技术和市场经济的蓬勃发展，特别是生物科技、材料科技、能源科技、计算机和信息技术、通信技术、互联网（物联网）、人工智能等高新技术的迅猛发展，社会企事业单位对人才的类型、质量提出了新的要求：只有知识、只会答题、只有文凭、只会写论文，而缺乏解决实际问题能力的人，无法满足广大基层岗位的需求。社会各领域对应用型人才、高技能人才的需求越来越旺盛。

20世纪90年代以来，我国的高等职业教育迅速发展起来。作为应用型高等院校的重要分支，高职院校从建校之初，就一改传统学校强调知识灌输、考试分数、理论研究、论文产出的做法，坚持开门办学，学校、行政、企业、行业相结合，边做边学、真做真学，坚持能力为重，重视项目教学，开发项目课程。除了关心学生就业所需的专业技能之外，更关注学生未来职业生涯发展所需的职业核心能力。应用型教育的这些特点使它在教学目标、教学内容、教学方式方法上与研究型教育和基础教育存在明显区别。但是，我国应用型院校的管理者和教师大多是从非应用型院校毕业的，缺乏这方面的经验和理论准备。高等职业院校近30年来艰苦而卓有成效的教学改革，其实就是一个理念和实践转型过程，其所创造的丰富经验、所进行的理论探索已成为中国各类型教育进行进一步改革的共同财富。

（二）应用型教育的培养目标与教学要求

1.培养目标

坚持以人为本全面实施素质教育是教育改革发展的战略主题，是贯彻党的教育方针的时代要求。应用型院校培养出来的学生应当具有正确的理想和坚定的信念，具有良好的职业道德和职业素质，具有熟练的职业技能和扎实、系统的专业应用知识，具有一定的定量计算能力和必要的专业理论基础，具备必要的文化、人文、专业历史、哲学等通识教育基础，走上职业岗位后应当具有较强的自学能力、创新（创业）能力和持续发展能力，在道德、能力、知识、身心、利益、情感、美育方面全面发展，充分发挥自己的个性潜质，成为社会需要而且自己希望成为的人，为今后职业生涯发展、服务社会和幸福人生奠定良好的基础。

应用型院校的学生还要具有"系统的应用知识、必要的理论基础和定量计算能力"。这些知识和理论既要"能应用"又要"相对完整和系统"。应用型院校学生还应当具备今后发展所必需的理论基础和必要的定量计算能力（尤其是工科）。应用型教育在层次上有高等与中等之分。目前，高等职业教育以大学专科为主，中等职业教育以中专、中职为主，有越来越多的普通研究型高校正在进行"应用型"转型，也有越来越多的专科高职院校正在以多种方式开设本科专业。也就是说，应用型教育正在积极提升自己的教育教学层次，从专科逐步升为本科。这是社会发展的需求，也是应用型教育自身发展的迫切需求。对于高职毕业生来说，如果没有系统的知识，没有必要的理论，没有定量的计算能力，所接受的就不是高等教育，这是"高职"区别于"中职"的重要内容。

在今天的信息社会里，随着科学技术（如信息技术、互联网和人工智能等）的高速发展，"终身学习、持续发展"的理念已经取代了"在校学习、上岗劳动"的落后理念，所以学生未来一生中可持续发展的动力和能力被提到很重要的位置。

应用型院校的学生应当具有良好的综合素质和较强的就业竞争力，能够从职业岗位的第一线顺利起步。毕业生从第一线起步时不会在思想认识上或职业技能上遇到阻力。所谓起步，就是在第一线工作时不但能够愉快胜任，而且能够迅速脱颖而出，晋升到自己应当达到的岗位，并在今后的职业生涯中不断学习，持续发展。应用型高等教育培养的毕业生应当是"应用型的技术技能人才"，不应满足于仅在第一线单纯从事重复性操作，充当一个简单劳动力。应用型院校的学生要能解决职业岗位上与自己所受教育层次对应的实际问题，具有自我学习的能力，以保证未来的持续发展和不断提高。所有的学生都应当具有一定的创新意识和创新能力，甚至是创业能力。

应用型本科与应用型专科的异同在哪里呢？整体上看，它们都是应用型教育，大的类型是一样的，都以知识理论的应用、解决岗位实际问题为教学目标，两者的区别主要在于层次。应用型本科的毕业生在基本素质要求、通识和专业知识理论的系统性和深度上应当显著高于专科生，在岗位操作能力上应与专科生基本一样，但在自学能力、创新能力、设计能力、研发能力、理论的应用与创新，以及在未来的持续发展能力上应当明显高于专科生。未来的应用型硕士与博士则更要强调这些培养目标，在各专业领域的综合应用研究，产品的设计、创新上要能引领当前社会行业企业，有力推进企业的发展。

"全面发展"要求应用型教育不能仅把学生作为机器的附属品进行训练，必须坚持学生德育、能力、知识、身心、利益、情感、美育各个方面的全面协调发展，使学生的个性潜能得到充分发挥。"可持续发展"的要求使应用型教育不能仅着眼于书面考试合格或一次就业完成，以此区别于应试教育和社会上的培训班，而是更强调学生的道德、能力和基本素养，所以不仅要看他们的一次就业率，更强调其就业质量、上岗后的持续发展和晋升能力、创新创业能力以及在整个职业生涯中的持续发展能力。

从工作领域看，应用型院校毕业生主要从企业事业单位基层的技术、营销、建设、生产、工艺、管理、辅助管理（如翻译、秘书）、服务等岗位起步。也就是说，多数毕业生（特别是就业之初）主要不是从事基础理论科学研究和专业技术领域的综合开发工作或大型项目的设计工作起步，也不是从大型企业事业单位的高层管理工作起步。

从人才类型看，高职以培养技术应用型人才为主，还有一部分技术技能型或操作型的高技能人才；中职以培养操作型、技能型人才为主，还有一部分技术应用型人才。高职与中职都培养技术应用领域人才，其差异主要是人才层次上的区别，高职毕业生能从事的工作应比中职具有更高的技术含量。

由此看出，对"应用型高等教育"（高等职业教育）的目标应当进行全面理解。首先，它是"教育"，而教育以"育人为本"，必须关注学生的德育和全面发展、终生发展，这与培训班的"技能训练为主"的目标不同。其次，它是"职业（应用型）教育"，是以技术应用为主的工作，这与普通高校的"科学研究""工程设计"培养目标不同。最后，它是"高等职业（应用型）教育"，它与中等职业教育培养的人才层次不同，人才要求的重点也不同。

对于高职教育的上述培养目标，不但学院的领导需要熟悉，而且每个教师都要了解，除了能对高职教育的目标进行"正面"描述，还要能从不同类型教育的"比较"中对上述教育目标进行界定。只有这样，才算真正理解了应用型教育的培养目标，找准了自己的定位，从而把这些目标体现在自己的学院管理和课程教学实践中。

以上正面阐述的是应用型院校要培养什么人，但是受传统观念和传统教学习惯的影响，应用型院校的教育教学在许多时候仍然沿着陈旧轨道运行，所以我们还应从"反面"看，明确应用型院校不应当培养什么人。

（1）与研究型院校不同，应用型院校不直接培养高智商的基础研究、理论研究、学科体系研究和大型工程设计人才，而应培养高情商、能做事、能成事、能解决基层岗位实际问题的人。当然，这里不排除个别有条件、有兴趣的人将来从事理论研究工作。

（2）区别于社会上许多企业高管培训班，应用型院校不直接培养企业高级管理人才、企业领导者，而重点培养一线的实际工作者。当然，我们希望将来他们能够不断发展进步，逐步提升到更高的岗位。

（3）区别于强调考分的应试教育，应用型院校不培养只会答题的知识背诵者，而培养能解决问题（尤其是岗位急需解决的实际问题）的高技能人才。但是，应用型院校同样重视知识理论内容的教学，只不过强调知识和理论的应用型内容，强调工学结合、边做边学、真做真学的学习方法。

（4）区别于强调知识为重的学校，应用型院校不培养面向考场的、博学的读书人，而培养面向市场、面向社会的高技能的职业人。

（5）区别于"只教书，不育人"的传统教育教学习惯，应用型院校不培养有知识和能力，但没有灵魂的"专业工具"，而培养关心他人、关心社会、有通识基础和人文素养、能把社会改造得更美好的人。

（6）区别于社会上大量的"岗前培训班"，应用型院校不培养只能对付上岗，但上岗后没有后劲、没有掌握相应的知识和理论、素质差、不能持续发展的人。

这里还必须说明一点，应用型教育的目标是培养从基层岗位起步的学员，不是从基础研究、综合开发、高层管理起步的学员。当然，这是就总体而言，并不妨碍个别有条件、有能力的学生未来从事基础研究、理论研究、高级管理等工作。从个人角度看，从基层岗位逐步升上去、了解基层情况的高级管理者和理论研究者才更具发展潜力。从学校角度看，在强调学生脚踏实地、不好高骛远的同时，更要强调应用型院校的学生不要自卑和盲目攀比，要抓紧当前条件努力学习提升自己，力争就业后不断进步，成为更高水平、更高层次的人，为社会做出更大的贡献。

2. 教学要求

项目教学中必须体现的认知规律和教学要求，主要有以下几项。

（1）项目教学的内容必须体现工作过程导向、职业活动导向。传统教学采取的是与之相反的"知识逻辑导向"。项目教学是一项综合的、具体的工作，它既不是现场项目任务的照搬，又不是附属在知识体系上的图解、实验和片段练习，更不是在原有的知识体系教学中按照知识学习的要求设计的片段、简单、无实用结果的习题、练习和作业。职业活动导向比工作过程导向要求更高，它要求项目的工作环境不局限于学校实训场地，而是要尽可能地接近企业现场，以体现出企业身份、企业氛围、企业管理和企业文化。

（2）项目教学要突出德育和能力目标。突出德育目标就是要把项目中涉及道德、人际关系和利益的要素突出出来，告诉学生"应当怎样做，不应当怎样做"，并不断注意随时纠正学生的错误言行。

突出能力目标要求教师做到以下几点：①精心设计、准确表述能力目标；②围绕能力的训练，组织项目的实施；③精心设计能力的训练过程；④重点对能力进行考核，而不是单纯的知识考核。另外，在课程标准中，教师还必须检查课程能力目标的表述和项目对能力目标的覆盖性。

职业能力分为三层结构，它不只是职业岗位的专用能力，也不只是专业技术能力，所有的课程都要承担职业核心能力的训练。一般考核能力的手段与考核知识的手段不同，能力要用项目和任务进行考核。

（3）项目要能激发学生兴趣，调动学生学习的内在动力。教师设计的项目必须让学生感兴趣，这是调动学生学习积极性的基本要求。让学生感到项目内容有用、有趣，这是项目设计的第一要求。

人对"实践的成功"和"驾驭环境能力的增长"有本能的愿望和热情。如果仅有认知的成功（考试成功），没有实践的成功（产品、项目成果），学生自然会对认知的目的和效用产生怀疑。教师要选择学生感兴趣的项目和结果，项目的工作内容要尽可能完整，学生的成果要有展示、评比、考核。用实实在在的成果激励学生增强自信，避免被动、被迫参与。

（4）项目教学的设计要从整体到局部，再到整体。从三年的学习到一个项目的实施，都应注意这个顺序。三年的在校学习要从大的行业、职业工作情境出发，设计"行业概貌"类的课程项目。学生尽可能参与体验，而不仅仅是认知（读、看、参观、了解、知道），这是最直接、最有效的专业教育方式。体验之后，进入局部（系列、深入内容的）实践与体验。第三年的毕业设计与顶岗实习是对三年学习内容综合的、整体的考验、深化、系统应用，是对行业和知识理论的整体和未来课程的展望。单个项目的设计也要注意这个反映认知规律的重要顺序。

另外，课程中应注意使学生实践的需求始终高于教学的内容，始终保持学生的强烈兴趣和认知的持续动力。

（5）项目要有足够的覆盖性。从教学角度看，课程体系中的全部项目必须覆盖专业教学的核心内容。其中，专业项目（站在专业课程体系角度上设计的大型、综合项目与课程项目）和在一门课程内部的项目各有自己的覆盖范围。专业项目的规模可以超出具体的课程，成为整个专业课程体系的骨架和支撑。整个专业三年要进行的教学内容，相应的能力目标、知识目标、德育（素质）目标等，要用（若干）专业项目进行覆盖。这些专业项目必须进一步落实到每一年、每个学期、每门课程。三年的教学不是让教师"全讲过"，也不是让学生"全听过"，而是希望学生"全做过"，并且尽可能以从业人员的身份，按照企业标准、企业规范全都操作、体验过。

从工作角度看，课程体系中的全部项目要覆盖典型企业、典型岗位和典型工作过程。这样的任务常落在大型教学项目身上，因为这些项目能引导学生动脑动手、克服困难、完成任务。教师要训练学生针对该项目的具体能力，同时学习针对该项目的具体知识。由此出发，带领学生完成多个较小的相关、类似或不同类型的项目任务，并提供大量相关案例和系统知识，训练学生更高层的能力，使学生建构起系统、完整、可应用的知识体系，实现工作拓展、项目拓展、能力拓展和知识拓展，进而从技能训练扩展到做事（策划、组织、宣传）能力的养成与相关知识的学习。此外，项目还要尽可能覆盖工作的对象类型、过程类型、设备类型等要素。

（6）学生尽可能参与项目实施的全过程。从任务的分析到项目的策划、设计、组织、分工、宣传、实施、评估、改进等过程应当尽可能全部让学生自主参与，而不是仅进行片段的练习。学生在项目的实施过程中要有尽可能大的"自学空间""决策空间""参数的选择空间"和"创新空间"，能通过正误两方面的体验训练真实能力，成为实践过程和认知过程的真正主人，而不是被迫或被动地、机械地执行一些规定动作。事实上，把项目实施过程理解为"片段能力的枯燥反复训练"是项目教学中的一个认识误区。学生应尽可能在学校时就对行业的全貌有一定的了解和体验，对行业、企业中自己未来可能的岗位工作有所了解和体验，而不是学些支离破碎的片段知识。校内实训有可能做到这些，而单纯的顶岗实习是不可能做到的。为此，教师必须在课程体系中对三年学习过程中的全部（各种、各类从小到大的）项目进行整体的规划和设计，力争让全体学生有计划地完成主要从业岗位、主要操作的便利和体验。

（7）项目教学的实施要在实践中学，要边做边学。项目课程的主导逻辑是行动导向教学法，不是知识的逻辑推导教学法。行动导向教学法不是先把学生引导到知识认知，而是先引导其完成项目任务不是先学后用、先讲后练，而是在做中学，边做边学。边做边学的特点是在还没有系统学习知识结论之前，就让学生投入实践、解决问题。这样，学生必然不断碰到新鲜问题，而这些问题就成为驱动学生学习的基本动力。

（8）项目要便于学生从错误中学、从比较中学。完成项目不是单纯灌输、背诵正确结论，也不是单纯磨炼正确操作。鉴于真实工作中每个人都有出错的可能，教师在项目教学中要抓住这些机会，让"出错"成为重要的教学资源和机会。让学生在独立操作的正反两面的体验中学到真知、练出真能力。当学生没有出错时，教师要用自己设计的"出错情境"对学生进行引导，让学生体验出错的感受和操作，学会如何处理出错的结果。

（9）项目要便于学生在协作中学习。大型项目通常要学生协作完成。项目中要大力强调与人交流、与人合作，突出情商教育，让学生学会正确处理合作与竞争，学会宣传、组织与策划。

（10）项目中要有学生自学、决策和创新的空间，要有学生发挥想象力的空间。课程教学项目不是按照既定程序死磨硬练，能力的训练必须让学生有充足的内在动力，所以创新很有必要。

（三）应用型院校教学改革

近年来，应用型院校从数量到质量都有了长足的发展，校园环境、教学设备、教学场地、师资力量等条件都明显改善。在硬件改善的同时，更重要的是领导和教师观念的转变和能力的提升。经验证明，应用型院校的教学改革，不仅是"教师把课上好"这么简单，除了全体教师、全部课程无一例外地要参与教学改革，学院的领导和全体管理人员也要积极参与教学改革。整体教学改革的核心工作就是在全院所有的教学环节落实现代项目教学。

应用型课程教学要求学生要具备良好的职业道德与做事的能力，必须学习、思考、创新并举，必须手脑并用、工学紧密结合、边做边学，成为高素质、高技能人才。这样的改革要求教师必须在熟悉专业知识理论之外，还要熟悉行业、企业的职业岗位工作，要有很强的动手能力和尽可能丰富的专业及岗位实践经验。这样的课程改革也要求学校必须打开校门并拓展国际视野，必须与政府、行业、企业、开发区、工业园区联合起来，推行"现代学徒制"，将教学与生产、研发、社会服务、技术应用密切结合起来。这些就构成了现代应用型院校的主要特征。

1.应用型课程改革的背景

（1）职业教育是国民教育体系和人力资源开发的重要组成部分，是广大青年打开通往成功、成才大门的重要途径。在我国经济持续快速发展的过程中，职业教育功不可没，已为各行各业累计培养输送 2 亿多高素质劳动者。但我们也必须看到，我国教育仍然面临结构性矛盾，相对于义务教育和高等教育，职业教育仍是我国教育领域的短板。2021 年，全国职业教育大会的召开，对破解职业教育发展"瓶颈"问题，助力其进一步改革发展，释放了积极信号：

一是职业教育的受重视程度将进一步提高。《国家职业教育改革实施方案》发布后，职业教育的类型定位得到明确：职业教育与普通教育是两种不同教育类型，具有同等重要地位。全国职业教育大会再次强调，提高技术技能人才待遇，畅通职业发展通道，增强职业教育认可度和吸引力。可以预见，未来将有更多的人认可职业教育，主动选择职业教育。

二是职普融通将进一步推进。职业教育作为一种教育类型，既要纵向贯通、自成体系，又要和普通教育横向融通、协调发展。无论在课程共享还是学生流动层面，都将促进职业教育与普通教育的资源共享和理念借鉴。职业教育轨道学生与普通教育轨道学生在升学、求职、工作待遇、职务晋升等方面将享有更平等的机会。

三是职业教育服务产业发展的能力将进一步提升。随着各地深化产教融合、校企合作，深入推进育人方式、办学模式、管理体制、保障机制改革，更多高素质技术技能人才、能工巧匠、大国工匠将从职业院校走出来。

四是职业教育将更加注重培养实践能力。技能培养必须在实践中学习、磨炼，这是客观规律。实践证明，越接近真实的工作环境，越接近生产一线，越接近实际操作过程，职业教育培养的人才质量就越高。这就要求职业教育把产教融合、工学结合作为办学基本模式，改革教学教法，建好、用好各类实训基地，让学生在实际劳动中增长才智、提升技能。

五是职业教育改革突破将会进一步推进。随着系列改革的推进，我国将建立职教高考制度，健全国家资历框架制度，搭建产业人才数据平台，完善专业教学标准，支持产教融合型企业，建立大学培养和在职教师教育齐头并进的双轨制职业教育教师专业化培训体系，完善教育教学质量监控体系等，进一步完善现代职业教育体系建设。

（2）早期学科导向的"三段式"课程占据了应用型教育课程的主流。我国应用型教育发展时间尚短，其课程模式可以概况分为三类：第一类是"三段式"课程，其基本做法是将本科相应专业的课程进行压缩，再加上一定数量的实践课程；第二类是以中职教育的成功课程为基础，结合高等教育需要而构建的课程模式，"宽基础 + 活模块"课程是其中典型代表；第三类是目前在国内影响很大、代表我国高职课程改革方向的基于工作过程的课程，如姜大源提出的"工作过程系统化课程"、徐国庆提出的"基于工作过程的项目课程"等。

"三段式"课程由文化基础课、专业基础课、专业课（或文化基础课、专业理论课、实践课，或公共课、专业课、实践课等）构成。其基本特征有两点：一是以学科为中心设置课程与选择课程内容，强调学科的系统性与完整性；二是以学科知识自身的逻辑顺序为依据，课程之间和课程的具体内容均按由抽象到具体、由基础到应用、由宽到窄的顺序进行排列，构成一个封闭的上窄下宽的三角形。这是一种典型的学科导向课程模式，适合培养学术型、研究型人才。

"宽基础 + 活模块"课程认为：在任何一群相关职业中，都有一套通用的知识与技能，针对这些知识与技能设置的课程就是"宽基础"；在"宽基础"之上，针对某一特定工种必须掌握的知识和技能（以技能为主）所设置的课程即"活模块"。根据石伟平、徐国庆（2004）的判断，这一课程仍未脱离"三段式"课程模式的范畴，其实质仍是以学科为导向的。

第三类课程的开发者虽至今尚未就名称与具体内容完全达成一致，但他们均是对国内外职业教育研究造诣很深的职教专家，他们提出的课程模式有如下共同特征：首先，强调打破现有的学科导向课程模式，构建符合高技能人才培养需要的基于工作过程的课程模式；其次，以完成特定工作任务的需要为中心，设置课程与选择课程内容，强调职业能力的培养与形成；最后，以工作过程为依据，排列课程顺序和安排具体课程的具体内容。这类课程都是基于工作过程的课程，其目标是培养学生的职业能力和职业素养，进而将学生导向工作体系。从某种程度上说，这类课程代表了我国应用型教育课程发展的未来。

目前，我国高职教育课程正处于从学科导向课程到工作（行动）导向课程过渡的阶段。但从总体上看，"三段式"课程和实质上仍是"三段式"课程的"宽基础 + 活模块"课程仍占据了我国高职教育课程模式的主流，这与高职教育培养高技能人才的培养目标无法契合，也是我国应用型教育人才培养工作中存在的根本问题。

（3）学科导向课程占据我国高职教育课程模式主流的严重后果。学科导向课程实施的结果是将学生导向知识体系而非工作体系，适于培养学术型人才、研究型人才而非技术技能人才。如果这种课程长期占据高职教育课程模式的主流，高职教育的人才培养工作必将偏离其培养高技能人才的既定目标。

进入 21 世纪以后，我国处于加快推进社会主义现代化建设的关键时期，高技能人才严重紧缺。据《深圳日报》报道，深圳技能人才状况调查显示：技能人才总量缺口 83 万人，高技能人才缺口 30 万人，55% 的抽样企业普遍存在技能人才缺口问题，特别是高技能人才紧缺，18% 的企业表示缺口很大。根据教育部公布的数据，近年来，高职毕业生的初次就业率一直在 70% 左右徘徊，半年后就业率保持在 80% ～ 90%（两个指标均低于普通本科院校），也就是说，在毕业时约有 30% 的高职毕业生还没有找到工作，毕业半年后仍有 10% ～ 20% 的高职毕业生找不到工作。很多高职毕业生"毕业即失业"，高职毕业生领取失业救济金已不再是新闻。上述事实表明，学科导向课程占据高职教育课程模式主流已产生严重后果，即高职教育人才培养的结果与社会需求之间出现了较大偏差。若听任这一偏差继续发展下去，可能会造成两个方面的更大危害：一是高职教育培养出来的许多毕业生不能就业，其存在的意义必将受到质疑，进而危及其生存与发展；二是高技能人才供应不足，将会制约区域产业转型升级和区域"新四化"建设的进程。因而，对于高职教育来说，当务之急是要尽快从最大限度上纠正和消除这一偏差。

2. 应用型课程改革的内容与策略

（1）课程建设与改革是当前应用型院校加强内涵建设、全面提高教学质量的突破口与关键。在经历了十多年的快速扩张之后，我国高职教育不可避免地要从规模发展阶段过渡到内涵建设阶段，以获得更好、更持久的生存与发展。为此，教育部曾出台文件，从战略和全局高度强调了当前高职院校加强内涵建设、全面提高教学质量的重要性和紧迫性，并针对当前高职教育存在的主要问题，从高职教育的办学和人才培养目标定位、专业课程建设与改革、推进工学结合人才培养模式改革、实训（习）基地建设、"双师"型师资队伍建设、教学质量保障体系建设等方面提出了全面、可行、科学的指导性意见。强调"今后一段时期我国高等职业教育的主要任务是加强内涵建设，提高教学质量"。

鉴于此，有关学者认为，应以构建基于工作过程的课程模式为目标，将推进课程建设与改革作为当前高职院校加强内涵建设、全面提高教学质量的突破口与关键点。

（2）打破学科导向课程模式，构建并实施符合高技能人才培养需要的基于工作过程的课程模式。学科导向课程占据高职院校课程模式的主流是当前高职院校人才培养工作中存在的根本问题，因此推进课程建设与改革的核心和关键是要打破学科导向课程模式的主流地位，构建并实施符合高技能人才培养需要的基于工作过程的课程模式。具体而言，应从以下几个方面着手：

第一，高度重视课程开发环节。应用型院校要与行业企业和职教专家紧密联合起来，借鉴国外成功经验，结合区域经济社会发展的需要，以工作任务分析为基础，打破现有的学科导向课程模式，构建一个基于工作过程的课程框架体系。在此框架下，以满足完成特定岗位实际工作任务的需要为目标，遵循工作过程的逻辑次序，设置课程、排列课程顺序和选择课程具体内容。在进行具体开发的过程中，要注意贯彻落实以就业为导向开发课程、以适合高技能人才培养的需要开发课程、以服务区域经济社会发展为目标开发课程的教育理念。

第二，建立突出职业能力培养的课程标准。对于整个专业的课程方案（专业教学计划）以及其中的每一门具体课程，应用型院校都要参照国家相关职业资格标准，与行业企业联合建立突出职业能力培养的课程标准，规范课程教学的基本要求，指导课程的具体实施，切实提高每一门课程的教学质量。

第三，加快教材建设，确保优质、实用教材进课堂。教材是实现课程目标的重要手段，建设适合高技能人才培养需要的教材，尤其是适合于实训的教材，对于当前应用型院校以构建基于工作过程的课程模式为目标推进课程建设与改革来说是至关重要的。为此，要与行业企业紧密联合共同开发、编写紧密结合生产实际的教材，尤其是实训课程教材，以确保课程教学目标能顺利实现。

第四，扎实推进适合应用型教育的教学方法与手段改革。高职院校要逐步改变以讲为主的传统授课方式，明确界定教师的主导地位与学生的主体地位，探索和实施"教""学""做"合一的教学方法，实现从以"教"为主向以"学"为主、以"做"为主的转变。同时，要充分利用现代化教学技术与手段，逐步将优质教学资源网络化，使教学从课堂延伸到课外，切实提高教学效果。

3. 构建项目课程改革的保障体系

从当前我国高职院校的实际情况看，主要应从以下几方面着手：

（1）收入分配制度改革和教师评价体系改革是导向。课程建设与改革的主体是教师，收入分配制度直接关系教师当前利益，评价体系则由于关系教师职称（务）晋升而关系教师未来利益，因而这两项改革的方向直接决定了课程建设与改革的进程和质量。

高职院校要推进课程建设与改革、构建并实施基于工作过程的课程模式，必然要求教师把更多的时间与精力投入教学建设中，投入增加（强）自身专业实践经历（能力）中。而当前高职院校教职工间收入差距不大，贡献导向没有得到较好体现，教师主要靠常规教学工作（授课实践指导、毕业设计指导等）获得收入，教学建设工作量（课程建设是其核心内容）没有得到较好体现。

从教师评价体系看，学术研究能力是决定教师职称（务）晋升的基本因素，"双师"导向没有得到较好的体现，尚未建立科学合理的教师进退机制。因此，高职院校要在国家政策允许的范围内，加大收入分配制度和教师评价体系改革力度，在公平与贡献之间、常规教学工作与教学建设工作之间、教师的学术能力与专业实践能力之间更多地体现与导向后者，最大限度地激励教师把时间与精力投入课程建设与改革中。

（2）"工学结合"是基本途径。"工学结合"是一种将学习与工作结合在一起的教育模式，其本质是使教育通过企业与社会需求紧密结合，因而是培养高技能人才的基本途径。应用型院校在以构建基于工作过程的课程模式为目标推进课程建设与改革过程中必须坚持"工学结合"，就是要使行业企业专家全程、深入参与高职院校课程开发、课程实施、课程评价和课程改进与完善的各个阶段，使学生能在学校和企业两种不同情境中学习（工作），逐渐培养和形成职业能力，从而顺利实现"从学校到工作过渡"。当前，高职院校的认识不到位和企业积极性不高是困扰"工学结合"的主要问题。

近年来，国家有关部门已陆续（正在）出台一系列激励企业的政策和措施，如减税、补贴等，应用型院校实施"工学结合"的外部环境正在逐步改善。要抓住这一有利时机，以"工学结合"为基本途径，探索建立包括向合作企业提供经济回报、各种服务（如培训、科研攻关）和优质毕业生等在内的校企合作"双赢"机制，推进课程建设与改革，确保高技能人才培养符合经济社会需要。

（3）教学条件建设是基础。教学条件是根据学校教学活动或人才培养的需要所提供的一切条件及其相应的管理手段和方式，包括教学基础设施、实训（习）基地等硬件条件和师资队伍、管理制度等软件条件。从目前推进课程建设与改革的需要看，下列教学条件亟待改善：

一是"双师型"师资队伍建设。"双师型"教师是基于工作过程的课程的主要实施者，各院校要在充分发挥收入分配制度改革和教师评价体系改革导向的基础上，制定并实施"双师型"师资队伍培养规划，切实提高教师的专业实践能力，建设一支适合高技能人才培养需要的"双师型"师资队伍。

二是实训（习）基地建设。加强实训、实习基地建设是高等职业院校改善办学条件、彰显办学特色、提高教学质量的重点。应用型院校要紧密联系行业企业，校内与校外相结合，创造基于工作过程的课程实施所需要的真实（或接近真实）职业情境，为基于工作过程的课程实施创造条件。

三是教学管理水平提升。基于工作过程的课程模式强调行业企业（专家）的参与，因而受制于企业的规模、生产组织方式、人力资源等诸多因素，这就对应用型院校现行的以班级为单位、按学期组织学习的教学方式提出了巨大挑战。为此，要加快探索更具弹性和适应性的教学管理制度，全面提升教学管理水平，确保课程建设与改革能全面推进，进而提高教学质量。

第二节　项目课程的历史发展

项目课程可追溯到 17—18 世纪，它与自然科学家的实验、法学家的案例研究、军事参谋的沙盘演习属于同一类型的课程模式，只是从内容看，项目课程不是经验的、解释的或战略研究，而是建造活动。它最早出现在意大利罗马的建筑师学院。当时，"项目"指的是学院为了培养优秀的建筑师而开展的建筑设计竞赛。1671 年开始，巴黎的建筑师改变了建筑设计竞赛的规则，建筑设计竞赛举行的频率也增加了，它使人们开始关注通过"项目"开展学习活动。18 世纪末，"项目方法"从欧洲传播到了美国，从建筑衍用到了工业，这对"项目方法"的理论发展有着重要影响。当时，美国华盛顿大学的奥法龙工业学院院长伍德沃德（Woodward）把"项目"当作一种"综合练习"，使"教学"成为"产品制造"。

对项目课程进行系统理论研究与实验的是克伯屈，他的项目课程是在杜威问题教学法的基础上发展而来的，认为把项目课程限定于问题解决领域"设计"的原先意义，强调学生自己计划、运用自身已有的知识和经验，通过自己实际操作，在实际情境中解决实际的问题。之后，克伯屈对传统的项目课程进行了改造，试图用新的、更为广泛的定义取代传统的狭隘的定义，以有目的的行动作为项目课程的关键特征，从而取代建造活动。经过克伯屈的改造，项目课程拥有了更为宽广的含义，并被应用到了普通教育领域。

从 20 世纪 60—70 年代开始，新实用主义在美国哲学界乃至整个思想界的影响越来越大。项目成了中小学教学广泛采用的一种教学模式，教师根据课程标准设计了各种紧扣学科（单学科或多学科）的项目。1971 年，项目课程作为一门"新型"课程被列入了德国某些学校的课表中。

可见，项目课程虽然起源于职业教育，但早已不是职业教育的专利，而是成为一种有着深厚理论基础的课程模式，并被广泛地应用到了各种类型的教育中，如职业教育、幼儿教育、高等教育。当然，在不同类型的教育中，其具体的表现形态是不一样的，如职业教育中体现为产品制作或服务提供，幼儿教育中体现为主题活动，高等教育中体现为课题研究，等等。

第三节 项目课程的内涵

项目课程是智能化时代职业教育课程发展的必然要求，"项目"这一概念的提出不仅是出于任务课程实施的需要，它还有更为深刻的技术、经济背景，那就是职业教育课程适应智能化时代工作模式的需要。理解提出"项目"这一概念的目的，准确把握"项目"的内涵，是透彻把握项目课程开发技术方案的关键点，也是难点。

一、什么是项目

日常概念中，我们经常会谈到工程项目、科研项目、经济项目等词，这些词中的"项目"更多的是管理意义上的，它意味着一种常规制度之外的专项管理活动。而课程论中的"项目"，其首要含义是一种具体的职业活动，如制作一把榔头、设计一条旅游线路、排除一个汽车发动机故障等。对于职业教育而言，深入理解"项目"的内涵必须特别注意以下四个方面。

一是要注意区分项目与任务。这是最容易混淆的两个概念。比如，制作一张讲台，应当把它界定为一个项目还是一个任务，有时的确存在一些困难。要注意把握的是，职业教育课程中的"任务"是一个有着特定含义的学术概念，它不是指日常的具体任务，而是指经过抽象和概括后所获得的形式化过程，如产品结构的分析，即它是指岗位的工作职责，而不是具体个体的工作任务。如果不进行抽象和概括，就不可能依据工作任务组织课程。而项目是指具体产品、服务或决策，是职业活动中的实例，如烹饪专业中的糕点、菜肴，工艺美术专业中的作品，等等。

二是要注意区分项目与技能。二者混淆是由于习惯中往往把某个技能训练称为一个项目。严格地说，技能是指肢体或智力操作，而项目是按照工作任务要求进行这些操作所获得的结果。比如，在市场营销专业中，某某产品调研是一个项目，问卷编制、数据统计、数据分析是工作任务，运用问卷编制方法、使用统计工具是技能。

三是不能把产品制作或服务提供仅仅理解为大型的生产或服务项目，如设计一个宴会等。按照这一思路开发的项目课程，其实就是现有的综合实训或毕业设计，以之为依据无法建立真正的项目课程，更无法建立"以项目课程为主体"的职业教育课程体系：①要完成如此大型的生产或服务项目，必然需要以大量知识和技能为条件；②项目过大，无法遵照学习规律，按从易到难的顺序设计项目系列。因此，尽管项目应有相对完整性，但有必要打破对项目的这一常规理解，按照实用的思路，把一个零件的加工、一个故障的排除、一个服务的提供都理解为项目。对项目的微型化理解使开发以项目课程为主体的职业教育课程体系成为可能。当然，项目必须是有相对终结意义的，具有相对完整性，即它至少必须可以作为具有相对独立性的中间产品（或服务）。

四是不能把项目仅理解为教师在企事业单位所承担的研究或制作项目。按照真实性学习理论，以来源于企业的项目为中心组织课程，当然能最大限度地发挥项目课程的功能，但在实践中，我们几乎不可能根据教学内容及进度的需要及时从企业获得足够的、合适的项目。其实，让每位学生都能从事一个来自企业的项目，这已经相当不容易。因而，项目不一定要求是真实的，只要能达到提高教学质量的目的，模拟项目未尝不可。

二、什么是项目课程

项目课程是当前职业教育课程发展的基本方向。当前被普遍认同的定义为：项目课程是以工作任务为课程设置与内容选择的参照点，以项目为单位组织内容并以项目活动为主要学习方式的课程模式。

关于项目课程的定义还有其他几种表述方式，即职业教育项目课程是指以工作任务为中心，选择、组织课程内容，并以完成工作任务为主要学习方式的课程模式，其目的在于加强课程内容与工作之间的相关性，整合理论与实践，提高学生职业能力培养的效率；项目课程是以基于典型产品、设备、问题或服务所设计的项目为载体，让学生学会完成工作任务，并促进能力内化的课程模式；项目课程是按照具体项目和"教、学、做"一体化构建的课程形式，是一个由学生接受任务、独立完成任务、进行成果展示和学习总结评价等环节组成的完整的"工作过程"。有研究者从课程项目化或项目教学的角度对这一主题进行了阐述，认为课程项目化是指根据职业能力培养的需要，密切联系地方产业发展实际，将专业基础课程和专业课程的教学内容设计成具体技能的训练项目，并根据项目组织实施教学与考核，使专业人才培养方案的能力目标得以实现。

结合实践研究成果，笔者认为，所谓项目课程，是指以工作任务为中心，选择、组织课程内容，并以完成工作任务为主要学习方式，以产品为目标，将学生的完成过程设计为教学过程的课程形式。概括地说，项目课程可以指某门以项目为中心选择、组织课程内容，并通过完成项目的形式进行学习的科目，也可以理解为以项目课程为主体的职业教育课程体系，后者强调以工作任务与职业能力分析为基础，经过整体优化的专业课程体系设计，其主要特征在于课程体系能覆盖整个工作领域，以工作体系为边界划分课程门类，课程结构设计体现工作任务完成的要求。职业教育项目课程改革的目标不仅是要实现单门课程内容的项目化，更关键的是要建立科学的项目化课程体系。

从项目课程定义看，项目课程既不同于学科课程，又不同于技能训练课程和任务本位课程。比较项目课程与其他课程类型的关系，有利于进一步明晰项目课程的含义。

首先，项目课程与学科课程比较，二者在课程目标、课程内容、内容组织、学习方式四个方面存在明显不同。从课程目标看，学科课程强调用客观知识去发展学生的心智，锻炼品性，传授知识和审美观。而项目课程强调通过实践提炼出相关理论知识，从而达到发展学生综合职业能力的目的。从课程内容看，学科课程的内容是描述和解释学科知识，其锻炼学生品性多是在"博"和"雅"中进行，传授的知识也是能经受住实践和理性考验的。因此，学科课程的内容主要是理论知识，对知识内容的描述多由学科专家学者决定。同时，学科课程讲求知识的应用，但这种应用意味着学生在学习课程时，不仅要掌握理论知识，还要掌握此门学科的方法。项目课程的内容则是与实践过程直接相连接的知识，项目课程的核心内容是实践知识。但为了促进对实践过程的理解，促进实践能力的迁移以及创造性实践能力的形成，有必要根据实践的需要有选择地系统学习部分理论知识。因此，对于学科课程来说，受过教育就意味着掌握了某门学科的内容，并获得了这门学科特有的逻辑思维模式；项目课程则意味着能完成一项又一项的工作任务。从内容组织看，学科课程的课程内容组织完全是按照知识本身的逻辑进行的，项目课程则是按工作项目来组织技术知识、实践知识和理论知识，理论知识的作用是解释说明实践知识。从学习方式看，学科课程把听讲、记忆、理解等作为学习的主要方式，而项目课程的主要学习方式是"做中学"，主张把工作过程设计成学习过程。

其次，项目课程与技能训练课程比较，虽然二者都具实践性强这一特性，但二者设计的参照点和课程目标不同。现实中，很多教师往往把技能训练课程当作项目课程，甚至错误地把项目课程改革简单地理解为开发大量技能训练项目。其实，二者有着本质区别。技能训练课程是指对职业所需的单项技能进行训练的课程，强调单项技能的获得，强调学生分析思维的形成。比如，计算机专业的指法技能训练、会计专业的珠算技能训练等，都属于技能训练课程的内容。项目课程是以任务为参照点设计的课程，融合不同的工作任务，课程展开的主线是产品的形成或服务的提供，旨在培养学生综合职业能力，强调学生整体思维的形成。参照点和课程目标的不同明确了项目课程与技能训练课程的不同本质。而且，项目课程能否成立有一定的前提，即项目是否序列化，项目以附属形式而不是以主体形式存在的课程不能称为项目课程。

最后，项目课程与任务本位课程比较，虽然二者在形式上相近，并均以岗位职业能力和任务分析为基础，但课程内容组织形式存在本质区别。任务本位课程以工作任务为中心组织课程内容，以任务为逻辑展开课程，最终达到的目的是让学生知道岗位需要完成哪些工作任务，以及学会如何完成这些任务，认为明确了某一个岗位的系列工作任务，就明确了从事该岗位工作应该具备的职业能力，完成任务本位课程的学习就可以达到培养职业能力的目的。项目课程内容组织参照的是产品或服务（独立的个体或事物），会以产品形成和服务提供作为逻辑线索展开课程，通过产品或服务的完成将系列工作任务统整起来，在追求结果的同时使学生学会综合，并能够根据结果的需要提炼出"有用的过程"。应该说，项目课程是对任务本位课程的发展和延伸，而绝非是与之相对立的课程模式。从比较层面看，项目课程更适于高等职业教育，其心智训练的成分更浓。

纵观职业教育项目课程开发方面的主要研究成果不难发现，"工作任务"和"项目"是使用最多的核心词汇，也是项目课程开发的两个重要因素。概括地说，"工作任务"是课程内容设置的范畴和依据，"项目"则是课程内容的组织形式。项目课程开发的过程是两者匹配的过程，但需要根据职业教育的实践情况找到合适的匹配模式。

在考察项目课程定义后，结合实践领域的经验，项目课程的基本特征可概括如下：

第一，开发主体多元化。高职教育的培养目标为高素质技能型专门人才，具有明确的就业定位指向。同时，高职教育与经济社会发展密切相关，在经济社会不断发展的过程中，高职教育必须随时做出应变。因此，高职教育项目课程开发应当由"教育专家主导"转变为"社会需求主导"，其开发主体必须坚持多元化，即由行业专家、学校教师和课程专家组成，在课程开发的不同环节中三部分人员的作用各有主次。同时，政府教育行政部门、行业行政部门（或行业协会）要发挥统筹协调作用。

第二，课程结构模块化。主要体现在几个方面：①项目课程开发以工作分析为基础，其课程体系、课程内容均来自工作任务模块的转换，从而建立以工作体系为基础的课程及课程内容体系。这是"重构"意义上的模块化。②课程内容以具体化的工作项目（行动化的学习项目）为载体，每一个项目都包括实践知识、理论知识、职业态度和情感等内容，且建立了相对完整的系统。这是"综合"意义上的模块化。③在课程设置和课程内容"项目"设置上，充分考虑学生的个性发展，保留学生的自主选择空间，兼顾学生的职业生涯发展。这是"自主"意义上的模块化。

第三，课程内容综合化。这一点主要体现为理论知识与实践知识的综合，职业技能与职业态度、情感的综合。实现"综合"的关键是课程载体的具体化。课程载体应当来自职业岗位的具体工作内容，如零件、产品、设备、工艺、案例等，从而使课程载体由抽象的概念转变为具体的任务，并且融理论、实践为一体，融技能、态度和情感为一体。这样的载体不仅是课程开发的载体，还是教学实施的载体。

第四，课程实施一体化。这一点表现为实施主体、教学过程、教学场所三个方面的变化。就实施主体而言，必须做到工学结合，融学校、企业为一体，融教师、"工程师"为一体。就教学过程而言，必须做到教学过程与工作过程的结合，做到学生心理过程与行动过程的一体，也就是融"教、学、做"为一体，构建以合作为主题的新型师生、生生关系，真正凸显学习者的中心地位。就教学场所而言，必须做到传统教室、专业教室、生产车间的三者结合。

第五，课程评价开放化。这一点主要表现为评价标准、评价主体和评价过程三个方面评价要立足社会需求，做到课程标准与职业资格标准接轨，实现课程标准与学生职业生涯发展相协调。其评价主体不仅是学校和教师，还有学生、企业、行业协会和政府部门。其评价过程不仅要落实教师评价和学校评价环节，还要落实学生自评、互评和社会评价环节，并建立学生自评、互评和社会评价的规范程序及方法体系。

三、什么是项目化课程体系

"体系"是指若干事物相互联系而构成的一个整体，它更多的是从整体视角看待一个事物。体系的含义至少包括三个方面：首先，体系由若干事物组成，单个事物不能构成一个体系；其次，各个事物之间存在一定的联系和制约方式；最后，体系是存在于整体性概念下的。从中可以看出，无论是哪一个层面的体系内涵，构成体系的要素都是相互关联的，且联系性和整体性是体系的基本特性。

课程体系是指在一定教育价值理念指导下将课程的各个构成要素加以排列组合，使各个课程要素在动态运行过程中统一指向专业培养目标实现的系统。一般说来，对课程体系的内涵有两种理解：一是指宏观的专业设置，涉及教育的学科及专业；二是指中观的课程体系，涉及专业内部的课程结构问题，即研究专业层面的课程体系状况，具体包括课程体系的目标、内容、结构、活动方式；三是指微观的课程内容体系，即专业内某一具体课程的教学内容的组织形式和结构。

课程门类排列顺序决定了学生通过学习将获得怎样的知识结构。课程体系是育人活动的指导思想，是培养目标的具体化和依托，它规定了培养目标实施的规划方案。

课程的含义有广义和狭义之分。广义的课程对应专业，狭义的课程是指一门科目课程。在前一层面理解项目课程，则项目课程的项目化是整体的，是基于整个专业的；在后一层面理解项目课程，则项目课程的项目化是局部的，是指某门课程内容的项目化。

对于高职院校实践来说，项目化课程体系可以从两个层面理解：①对于一门专业而言，项目化课程体系是指以项目课程为主体的某专业所设置的课程及其之间的组合关系；②对于某一门课程来说，项目化课程体系是指以项目为载体的某门课程中项目与项目之间的组合关系。

需要指出的是，构建项目化课程体系并不是指所有专业下所设课程都要实现项目化，而是以项目课程为主体，它可包括少量学科课程，如普通文化课程、人文素质课程等；专业下直接划分的是项目化课程，项目化课程可以直接是一个大的项目，也可以再设课程模块或项目模块。总之，项目化课程体系是指以项目课程为主体的课程体系的统称。

四、项目课程的定义

可以简单地把职业教育项目课程定义为"以工作任务为课程设置与内容选择的参照点，以项目为单位组织内容并以项目活动为主要学习方式的课程模式"。这一定义包含两层含义，这两层含义在项目课程界定中缺一不可。

（一）以工作任务为课程设置与内容选择的参照点

认清一种课程的本质，先要看其设置的参照点。比如，学科课程是以知识为参照点设置的，课程划分的依据是学科边界；项目课程是以工作任务为参照点设置的，课程划分的依据是任务边界。这是某一课程能否成为项目课程的前提，在这一点上，项目课程与任务本位课程无异。因此，项目课程是对任务本位课程的发展，而非与之相对立的课程模式。

这就是说，项目课程既不是对学科课程的教学法改造，又不是直接以典型产品或服务为参照点设置课程的课程模式，前者只是教学方法改革，而非课程改革，因为没有改变课程的性质，后者则是当前比较激进的一种项目课程观，它认为以工作任务为参照点设置的课程不是彻底的项目课程，只是任务本位课程的翻版，而且是项目课程应当直接以典型产品或服务为参照点设置课程。这种观点混淆了课程的目的与手段，其后果是非常严重的。

以工作任务为参照点设置课程，确保了项目课程以工作任务为核心选择课程内容作为项目课程内容。作为项目课程内容的知识和技能应当是完全职业化的，是与工作任务密切相关的。这一原理理解起来比较容易，操作起来则非常困难。整体来看，项目课程改革面临三大突破点，即课程结构的重组、新课程内容体系的开发和项目体系的建构。在这三大突破点中，难度最大的是新课程内容体系的开发，许多时候教师往往只是围绕着工作任务重组原有的学科知识，并没有开发更加实用的新知识，甚至没有把重组的知识形成一个体系。

（二）以项目为单位组织内容，并以项目活动为主要学习方式

如果仅停留于第一层含义，那么项目课程与任务本位课程无异，事实上，真正使项目课程与任务本位课程明显相区别的是第二层含义。尽管项目

课程是以工作任务为核心选择课程内容的，但其课程内容组织并非围绕着一个个工作任务来进行，而是围绕着一个个精心选择的典型产品或服务进行，严格地说，其是围绕着基于典型产品或服务的活动进行。活动是项目课程的基本构成单位，而每一个活动是由若干工作任务构成的。这是项目课程明显不同于任务本位课程之处，也是它对任务本位课程发展的关键之处。因此，工作任务分析与项目设计是项目课程开发的两个非常核心的环节。没有工作任务分析，项目课程开发就不能准确把握工作岗位要求，课程内容选择也就缺乏依据；没有项目设计，这种课程就只是任务本位课程，即能力本位课程，而不具备项目课程的特征。只有在工作任务分析基础上，围绕工作任务学习的需要进一步进行项目设计，并在项目与工作任务之间形成某种对应关系，才能得到项目课程。要进一步阐释这一含义，需要建立一个基于课程内容的职业教育课程模式分析框架。

　　与普通教育课程以知识为主要构成要素不同，职业教育课程内容构成要素比较复杂，最为基本的有知识、技能、任务和产品（或服务）。知识和技能是完成任务所需要的条件，而产品（或服务）是完成任务所获得的结果。四个构成要素有四个参照点，以不同要素为参照点，便形成了职业教育的四种课程模式，即学科课程、技能训练课程、任务本位课程和项目课程。学科课程强调让学生学习系统的学科知识；技能训练课程是让学生反复练习单项技能的课程，即俗称的实训；任务本位课程是以工作任务为中心来组织知识和技能学习的课程；项目课程则是以项目贯穿整个课程内容，让学生在以项目为载体所设计的综合化情境中完成完整工作过程，并获得相关知识和技能的课程。项目是否序列化是项目课程成立的前提，项目以附属形式存在的课程不能称为项目课程。可见，项目课程既不同于学科课程，又不同于技能训练课程和任务本位课程。

　　以上论述所针对的只是一门课程，项目课程还有一层含义，即指以项目课程为主体的职业教育课程体系。职业教育项目课程改革，不只是要获得几门单独的项目课程，更重要的是建立以项目课程为主体的课程体系，这是由职校生学习特点与职业教育规律所决定的。那么，是否所有课程都应该或者必须是项目课程呢？答案当然是否定的。任何一类或一级教育的课程模式都必然是多元的，这是由课程功能的多元化所决定的。对于职业教育而言，针对需要通过反复训练才能非常娴熟的技能，需要开设单独的技能训练课程；针对需要系统学习的理论知识，也需要开设单独的学科课程。但是，项目课程应当成为职业教育课程体系的主体。

五、项目课程与相近课程的比较

项目课程由于与技能训练课程和任务本位课程比较接近，因而很容易把它们混淆，以致所开发的项目课程与预期要求差距比较远。在此，我们有必要澄清它们之间的区别。

（一）项目课程与技能训练课程

技能训练课程指对职业所需要的单项技能集中进行训练的课程，如机械专业的车工技能训练、金融专业的点钞技能训练。这种课程的实践性很强，如不注意区分，人们往往认为这就是项目课程，结果把项目课程开发简单地理解为开发大量技能训练项目。如上所述，职业教育课程包含四个基本要素，即知识、技能、任务和产品（服务），技能训练课程是以技能为参照点设计的课程，而项目课程是以产品（或服务）为参照点设计的课程，两者有本质区别。具体地说，技能训练课程只是让学生获得一项项孤立的技能，而项目课程可以让学生获得真实化、综合化的职业能力。

（二）项目课程与任务本位课程

任务本位课程指围绕着一项项工作任务组织课程内容的职业教育课程模式，MES课程和CBE课程都属于这一课程模式。它在形式上与项目课程更加接近，且由于项目课程开发也要以工作任务分析为基础，因而往往很容混淆这两种课程。事实上，它们也是有本质区别的，这一区别源于课程内容组织参照点的不同。比如，在机械加工中，编制加工工艺是一个任务，加工一个轴类零件是项目。任务本位课程以任务为逻辑线索来展开课程，它能让学生知道这些岗位需要完成哪些工作任务，以及学会如何完成这些工作任务；项目课程以产品（或服务）为逻辑线索来展开课程，它能让学生知道需要加工哪些零件，以及学会综合哪些工作任务来加工这些零件。前者只是学会了过程，而后者不仅在结果追求中学会了如何综合这些过程，还理解了对于工作来说没有结果的过程是毫无意义的。

那么，哪种课程模式最适合职业教育呢？答案应当是项目课程。技能训练课程只适于一些需要高强度训练的技能，它不可能成为职业教育课程的主体，问题在于任务本位课程。凭借经验，人们可能会毫不犹豫地选择项目课程，这就是前面所描述的目前职业教育对项目课程的普遍欢迎状况。但是，就研究而言，还是要在理论层面对项目课程的优势做出解释，这就涉及一个重要问题，即哪种课程模式能够更为有效地培养学生的职业能力？而要回答这个问题，就必须明白工作体系的基本构成单元并非最小构成元素，这正如人体的基本构成单元是细胞，但细胞并非人体的最小微粒。只有以工作体系的基本构成单元为参照点设计课程，才能按照工作体系的组合方式组合课程内容的各个要素，从而达到最有效的培养学生职业能力的目的。

六、项目课程的理论基础

项目课程的理论基础可概括为联系论、结构论、综合论和结果论。具体而言，联系论是从联系生成的角度回答开发项目课程的必要性，结构论回答课程结构设计在项目课程开发中的重要性，综合论回答形成任务与任务的组织关系的重要性，结果论回答项目课程的核心思想，即结果驱动。

（一）联系论

以上已阐明了职业能力的形成机制，即在知识与工作任务之间建立联系。按照这一观点，要有效地培养学生的职业能力，就必须帮助学生努力在与工作任务的联系过程中学习知识。这就必须彻底解构与任务相脱离，单纯学习知识的学科课程模式。学科课程模式对帮助学生积累知识、增强其对理论的理解是有效的，但对职业能力的形成可能有害，至少效果不大。因此项目课程认为，除了知识与技能是课程内容，知识与工作任务的联系也是重要课程内容；职业教育课程必须彻底打破按照知识本身的相关性组织课程的传统模式，要以工作任务为中心来组织课程内容。

但是，以工作任务为中心组织课程内容只是为学生提供了建立知识与工作任务联系的可能性，这种联系的建立要成为现实，还必须通过活动。联系存在多种形态，知识之间的联系可以在观念中完成，以实践为特征的知识与工作任务的联系的建立则只有在活动中才能完成。只有在活动中，学生才能深刻体验到知识对其工作任务的实践功效，才能建立知识与其工作任务的联系的具体方式。因此，情境性活动是职业教育课程的基本教学方式。这就决定了我们不能仅停留于任务本位课程，它虽明确了课程的基本内容，但仍然处于静态层面，能有效地解决这一问题的是项目课程。

（二）结构论

课程结构包含体系结构和内容结构：体系结构指某专业所设置的课程及其之间的组合关系；内容结构指一门课程内部知识的组织方式。以工作任务为中心组织课程内容，必须高度重视课程结构的设计。在以往的课程开发中，总是对课程结构的重要性评价过低。老师受职业习惯的影响，比较关注课程中的知识、技能这些具体内容，往往认为学生只要获得了这些知识和技能，便会具备能力，因而并不重视课程结构设计。

但事实上，知识的组织方式往往比知识本身更为重要，因为正是它让我们学会了如何应用知识。对课程结构的关注源于认知结构理论的进展。奥苏贝尔是最早发现认知结构对学习存在重要影响并对之进行了深入研究的心理学家，他认为"一旦获得了这种知识（认知结构），它本身便成为影响学习者获得同一领域内的更新的知识的那种能力的最重要的自变量"。上述职业能力本质观要求，职业教育课程不仅要关注让学生获得哪些工作知识，还要关注让学生以什么结构来获得这些知识，因为课程结构是影响学生职业能力形成的重要变量，本身具有教育意义。

那么，项目课程结构设计的依据是什么呢？具体地说，项目课程既要求课程设置反映工作体系的结构，又要求按照工作过程中的知识组织方式组织课程内容。因为与学科知识存在形式完全不同，作为职业教育课程内容的工作知识是在工作实践中"生产"出来的，其产生完全出于工作任务达成的需要，附着于工作过程是其存在的基本形态。既然如此，以工作知识为内容的职业教育课程的结构就只能来自工作结构。工作结构与学科结构之间的本质差别形成了学术教育课程结构与职业教育课程结构之间的本质差别，从而决定了项目课程应当是职业教育课程的主要模式。从实践效果看，按照工作体系设计课程结构，有利于培养学生的工作思维，增强学生的任务意识，使他们从关注"知道什么"转向"要做什么"，从而达到更有效地培养职业能力的目的。

（三）综合论

如上所述，通过对任务本位课程的学习，学生可能能够熟练完成其中一些工作任务，却往往不能顺利地完成整个工作过程，制作（提供）不出一个完整的产品（服务）。然而，掌握完整的工作过程对职业能力培养来说非常重要：第一，它是衡量职业能力水平的重要指标。尽管由于劳动过程内部分工的原因，劳动者可能只需完成整个产品（服务）制作（提供）的一个环节，但若其对工作过程缺乏完整把握，那么其所获得的职业能力是残缺的，没有人会满意于这种职业能力。第二，有利于学生从整体意义上理解每一项工作任务。每一项具体的工作任务都是和整个工作过程密切联系的，只有理解了整个工作过程，才能更好地把握好具体工作任务的意义，也才能更好地与团队其他成员沟通合作。第三，有利于提高学生的学习兴趣。与孤立的工作任务相比，学生往往对能获得具体结果的完整工作过程更感兴趣。

为了解决这些问题，课程设计要打破任务之间的界线，突出任务之间的联系，让学生学会完成完整的工作过程。课程模式的这一突破，一方面客观上要求设计能贯穿这一过程的载体，即项目，另一方面要求课程设计者充分意识到作为工作过程开始与结尾的一些细节的重要性，确保工作过程的完整性。

（四）结果论

要在知识与工作任务之间建立联系，并让学生掌握整个工作过程，发展职业能力，必须把实践理解为在特定工作情境中进行的活动。只有特定目标引导下的职业活动，才具备"联系"建立的功能。因此，项目课程强调以典型产品为载体来设计教学活动，用结果来驱动学生的学习，整个教学过程最终要指向让学生获得一个具有实际价值的产品或服务。这是项目课程的一条重要而富有特色的原理。

从功能的角度看，以典型产品（或服务）为载体可以有效地激发职业学校学生的学习动机。因为任何学习都是需要用"结果"来强化的，而现实产品是很有力的强化物。从理论的角度看，这意味着"实践观"的重要转变。传统的实践观把实践仅理解为技能的反复训练，或孤立的工作任务的学习，从而把过程与结果割裂开来。学生在课堂上的学习与行动的结果无关，他们所能体验到的仅是动作的不断重复，却无法体验到行动与后果之间的关系。

第四节　项目课程开发的基本原则和步骤

项目课程开发是在项目课程理论指导下的课程设置、设计和实施的综合实践行为，其开发原则是整个开发过程的指南。

一、项目课程开发的基本原则

（一）以综合职业能力为主线

综合职业能力是完成职业岗位工作任务和过程的知识、技能、智能和非智力因素（情感、态度、意向等）的综合。作为课程体系的总目标，综合职业能力应细化到课程体系的各个项目课程及其组成的活动单元中，落实到行动化的学习项目中，努力实现知识与应用、理论与实践的一体化。

（二）以社会需求为基本依据

应用型教育必须与经济社会发展保持良好的对接和互动。其课程目标不仅要适应经济社会发展、个体发展的需要与变化，还要有一定的前瞻性。这是项目课程开发的基本依据。

（三）以职业生涯为背景

学生的职业生涯发展是实现个体和经济社会职业协调发展的结合点。项目课程的开发，不但要注重当前职业岗位的综合职业能力，而且要关注职业领域内可迁移的职业能力、态度和情感，为学生的职业发展奠定必要的基础和提供个性化发展的时空。

（四）以工作体系结构为框架

项目课程有其特有的逻辑体系和结构体系。它是以职业岗位工作任务的相关性、协调性为逻辑（工作逻辑）基础的，其课程体系以职业岗位工作体系结构为框架。这是项目课程开发的关键。在课程开发时，必须坚定地立足岗位工作分析，根据工作体系结构确定课程体系结构，划分课程门类，编排课程进行的顺序。

（五）以工作任务为线索

项目课程体系和项目课程内容的设计必须与职业岗位工作任务相匹配，其要点是立足工作任务，构建一系列行动化学习项目，实行"理实一体化"。以"子项目"或"模块"为单元的教学内容要尽可能与职业岗位"接轨"，紧紧地围绕行动化学习任务来完成。

（六）以工作过程为基础

项目课程开发以工作过程为基础来展开。首先，要以工作过程作为课程开发的基本逻辑。其次，在课程资源开发时，要充分考虑职业环境对教学过程和结果的支撑作用，营造具有真实职业情境特点的教学环境和氛围。最后，在课程实施时，要充分考虑工作过程特点和教学过程特点，使二者有机结合，即以工作过程为基础组织教学过程，突出"任务中心"和"情境作用"。

二、项目课程开发的基本步骤

结合有关学者的研究成果，根据工作过程系统化课程开发路径、步骤和项目化课程的特点，确立项目化课程体系开发的路径与步骤。

（一）定位专业面向的岗位

岗位定位是职业教育项目课程开发工作的起点，只有准确、清晰地表达专业所面向的岗位，才能准确定位人才培养目标。岗位指实际存在的职位，通常以"××工""××家"等方式进行表达。专业面向岗位的选择要考虑几个要素，包括高等职业教育的性质与层次、学生的职业生涯发展、学校的办学特色和学生毕业的主要去向。具体步骤：通过对企业专家观点的汇总，清楚、明确地列出本专业可能面向的岗位；统计该专业毕业生在这些岗位的就业频率分布；根据该专业的发展理念，在以上思考的基础上，最终筛选出该专业所应面向的岗位。

（二）实施岗位工作任务分析

工作任务分析是对某一岗位或岗位中需要完成的任务进行分解，掌握其具体的工作内容。一般而言，工作任务应体现四个特点：一是真实性，应当是岗位上实际存在的工作任务；二是全面性，应当涵盖岗位的所有要求；三是逻辑性，任务分解要体现出清晰的逻辑线索，避免任务之间的交叉，还要注意同级的工作任务应当大小比较均衡；四是具体性，通常每个专业的工作领域要达到 $1 \sim 12$ 个，每个工作领域的工作任务应达到 $5 \sim 7$ 个，有的专业如果口径过宽，可考虑增加分析的层级。工作任务分析可采取问卷调查、专家访谈、头脑风暴等方式，其中企业专家以一线技术骨干、班组长、车间主任为宜。企业专家根据工作任务和职业能力分析表，对每项工作任务的需求程度和重要程度进行打分赋值，然后采用多种统计方法，按需求和重要性排序任务。应该注意的是，在工作任务分析时，要选择位于毕业生就业区域内，与毕业生就业岗位相对应的不同企业的生产和工作过程，概括基本覆盖工作岗位群的工作任务，以此作为项目的设计基础。

（三）确定职业能力要求

职业能力是确定课程内容的基本依据，也是普通能力在具体任务中的体现结果。任何职业能力都是具体的，是和一件件任务相联系的。对职业能力的分析，应当尽力引导企业专家通过对自我经验的反省来获得职业能力定位，并要努力引导他们对职业能力进行细致的描述，尽量避免宏观的描述。任务所描述的是岗位上要完成什么事情，而能力所要描述的是为完成这些事情，人应具备的条件，即描述出在什么条件下人能够把事情做到什么状态。如果课程开发需要对课程进行分层，那么职业能力定位就需要对职业能力进行分层。职业能力分层的基本方法是在企业专家进行职业能力分析时，要求他们分别对应不同技能等级的技工，描述对他们的职业能力要求。

（四）遵循规律，统整课程设置

结合项目对工作领域进行拆分，有些工作领域可能要拆分为几门课程。课程名称要突出任务特色，明确反映该门课程的学习目标，尽量避免"××基础""××学""××概论""××实务"等传统表述方法，直接用"名词＋动词"的任务表述方式表述课程名称。一般情况下，要从遵循学生职业成长规律和认知学习规律入手，对课程进行排序，要考虑前导课程、后续课程和平行课程的设置及关系。但由于不同的职业有其特定的工作过程或工作特点，依此划分课程门类及课程门类的排序会呈现多样化的形态。这里需注意的是，项目化课程体系强调以任务为中心设置课程，并不排除以其他课程内容要素为参照点设置课程的可能性，如学科课程可以案例的形式组织课程内容。总体上看，应根据教学规律、学习规律及学生经验，对各门课程按一定的时间和空间进行合理的排序、组合，形成有机的课程体系。

（五）开发课程体系支撑文件

项目化课程体系的实施离不开系列教学文件的支撑。这主要是从系统规划的角度出发，对课程设计与实施进行统筹设计。这些支撑文件包括专业教学标准、课程标准、项目教学方案。专业教学标准也可以称为人才培养方案，是对人才培养工作的整体性要求，包括入学要求、学习年限、职业范围、人才培养目标与岗位群、工作任务与职业能力分析、课程体系、教学计划、师资要求、实习实训装备要求及实习实训基地建设等。课程标准是对某门具体课程的目标、内容、组织及教材编写与实施要求等要素的规定。包括课程设置依据、工作任务特点、职业能力特点、课程目标定位、课程内容选择、项目设计、项目实施设计、学时与学分分配、实施建议等内容。项目教学方案是指项目教学设计与实施的具体规划。完整的项目教学方案包括教学目标、工作任务、活动设计、教学方法、相关实践知识和相关理论知识、评价方法、教学反思等内容。

从上述步骤我们可以引出以下两点思考：

一是高职项目化课程体系并不是在原有学科体系后面增加几个项目课程，用以整合与应用所学的学科知识。事实上，项目化课程体系所设计的项目要覆盖整个工作领域，要承载该工作领域所需要的所有知识，按照一定的线索对项目进行划分，其结果要全面地体现工作体系的特征等方面的问题。

二是项目化课程体系不是按知识本身的逻辑编排课程，而是遵循工作逻辑设置课程结构，按照工作任务的相关性来组织课程，按完成项目（工作任务）的需要来组织知识。只有将以往多个专业课程的教学内容巧妙地融入项目之中，才能使学生将各种专业知识融会贯通。

第五节 项目课程的开发程序和内容

项目课程是当前职业教育课程发展的基本方向，对于彻底打破以学科课程为主体的"三段式"课程模式，建设富有职业特色并利于有效培养学生职业能力的课程模式具有重要意义，因而其价值已获得了教育行政部门与职业院校的普遍认可，其开发与实施正如火如荼地展开。

根据职业教育项目课程权威专家徐国庆博士的概括，职业教育项目课程的开发主体包括教育部门、高职院校、行业专家、课程专家和资深专业教师，其开发过程包括专业调研、工作任务分析、课程结构分析、课程内容分析、教材编写和教学过程分析六个阶段，开发的成果包括专业调研报告、职业能力标准、课程体系、课程标准、教材和学生学习结果六种。

一、专业调研

专业调研的主要目的是调查某专业所对应产业的发展趋势、人才结构与需求状况，以及该专业的教学现状，以便寻找到其间的差距，从而为该专业的人才培养和课程改革提供指导性的建议。专业调研的最终成果是"专业人才需求与改革调研报告"。

在对相关企业调研时，关键要获得三个方面的信息：第一，本专业对应的职业岗位有哪些，其主要的工作任务有哪些；第二，这些职业岗位要求的职业资格证书有哪些;第三,本专业的培养目标如何定位,企业的需求是什么。其中,培养目标定位尤为重要。专业培养目标的具体描述要以工作任务分析的成果为依据,但在此之前应对专业培养目标进行宏观的基本定位,而做出这一定位是无法依据工作任务分析的成果的,只有通过专业调研,深入、综合分析社会、经济、技术、教育等多方面因素,才能做出科学的判断。

二、工作任务分析

工作任务分析是对某一职业或职业群中需要完成的工作任务进行分解的过程,目的在于掌握其具体的工作内容,以及胜任该工作任务所需要的知识、技能分析的对象是工作而不是员工。

(一)工作任务分析的步骤与内容

整个工作任务分析研讨会一般按照从工作项目到工作任务再到职业能力的顺序进行。工作项目是指一组具有相对独立性的工作任务,可以视为一个工作模块,它可能与工作岗位相对应,也可能不对应,这取决于不同职业的劳动组织方式。工作任务是工作过程中需要完成的单件任务(如统计员工的工资)。职业能力是指完成工作任务所需具备的知识、技能、态度和经验。以证券公司的客户开发岗位为例,其主要工作项目有六个,分别是指导客户使用证券软件,向客户提供(即时)行情咨询服务,指导客户收集和分析证券信息,向客户提供投资分析咨询服务,指导客户进行证券交易,向客户提供证券投资策略、交易技巧与买卖决策咨询。其中指导客户使用证券软件由三个具体的工作任务组成,分别是下载和安装证券行情分析软件、操作证券行情分析软件、操作证券交易软件。

职业能力是完成工作任务所需要的知识和技能。以电路设计与制板岗位的职业能力要求为例,胜任这一工作岗位所需的知识和技能有五个方面,具体如表1-1所示。

表1-1 电路设计与制板岗位的职业能力要求

序　号	知识要求	能力要求
1	熟悉常用的单元电子电路及其功能	能熟练使用常见的工具和常用的电子仪器仪表
2	熟悉印制电路板设计软件 Protel 的特点和使用方法	能熟练应用 Protel 绘制各类电路原理图,能根据需要进行 PCB 设计

序　号	知识要求	能力要求
3	熟练掌握电路原理图设计、PCB设计、自动布线技术的方法	能对一般的电子产品测试分析
4	掌握印刷板的制作和电子产品的试制过程	能熟练掌握印刷板的制作并完成试样机的参数、性能的测试
5	掌握电子产品测试分析的一般过程和要求	能协助电子工程师完成其他相关的任务，做好助理工作

（二）工作任务分析的形式

工作任务分析一般通过组织工作任务分析研讨会来完成。高职院校应在专业调研的基础上，邀请在本专业相对应的行业企业领域比较资深的一线专家参加，以头脑风暴法完成每一步分析任务，目的在于整合行业企业专家的意见。由于行业企业专家来自不同企业，其工作性质和内容不尽相同，主持人要先鼓励他们采用头脑风暴法，尽可能多地把不同意见展现出来，写在每张纸板上，一个纸板写一条。

工作项目和工作任务的书写格式是"名词＋动词"，职业能力的书写格式包括"知道什么"（陈述性知识）、"理解什么"（解释性知识）、"能（会）操作（使用）什么"（动作技能）、"能（会）分析（判断）什么"，之后把写好的所有纸板贴出来。先合并相同的，然后删去已经被包括的，再整合零碎剩下的。也可以对结果进行补充，但每一条都必须获得专家的一致认可才能最终确定。

例如，浙江工商职业技术学院计算机应用技术专业对企业网站开发课程所确定的课程目标为：通过本课程的学习，学生应该熟练地根据客户需求编写简要的设计说明书、开发企业网站并发布。具体需要了解企业网站的结构和功能、需求分析说明书的格式、数据库建模的方法和相关软件；熟悉归纳用户需求要点的方法、SQL Server中表的创建、ASP.NET连接数据库的方法、页面间传值的不同方式；理解ASP.NET中常用控件的属性和方法；能分析用户需求、设计界面和接口、构建网站的结构、操作数据库、开发功能页面、测试并发布网站。

（三）工作任务分析研讨会主持人和行业企业专家要求

为达到工作任务分析的目的，高职院校邀请的工作任务分析研讨会主持人应能深刻理解工作任务分析的目的、质量要求，能把握专业的课程框架；善于激发整合行业专家的思维；能熟练进行工作分析的基本操作；善于控制时间。从这几点要求看，主持人最好是资深的项目课程专家，而不必是本专业的专业教师。

高职院校邀请的行业企业专家应是在生产一线直接从事生产操作和管理的专家，应具备高级工以上证书；在该领域具有十年以上工作经历，对所从事的职业领域有较为宏观、整体、前沿性的了解；善于表达与合作；来自毕业生就业区域内、与毕业生就业岗位相对应的不同性质、类型规模、层次的企业，以保证工作项目基本覆盖工作岗位群。从数量要求看，每次工作任务分析研讨会大约安排 10 ～ 12 位行业企业专家为宜。

三、课程结构分析

课程结构分析的依据是专业调研与工作任务分析，其主要任务是对课程门类进行划分、明确学分分配等。

（一）课程门类划分

高职课程体系包括普通文化课程与专业课程，专业课程又包括项目课程、综合实践课程与综合学科课程。项目课程改革并不意味着专业课程体系中的所有课程都是项目课程，从当前我国高职教育发展实际看，很难做到的。更为现实的做法是构建以项目课程为主体的专业课程体系，即专业课程以项目课程为主，普通文化课程则以学科课程为主。

以浙江工商职业技术学院模具设计与制造专业为例，经过项目课程开发后，其课程体系由普通文化课、专业技术课、专业技能课和专业实践课四类课程构成，其中普通文化课以学科课程为主，专业技术课和专业技能课以项目课程为主，专业实践课则是综合实践课程。这是一个典型的以项目课程为主的专业课程体系。

（二）学分（课时）分配

课程之间的学时分配反映了课程开发者在课程内容选择上的价值取向。对于高职课程而言，存在的问题可能有两点：①偏向普通文化课程还是偏向专业课程；②在专业课程内部，偏向项目课程还是综合学科课程。其实质是课程的宽泛性与专门性之争。针对上述问题，应基于以下两条原则予以解决：第一，既然高职教育是专门教育，那么课时分配就应当侧重专业课程，但应把握一定的"度";第二,既然"项目课程"是基本理念,那么在专业课程中课时分配就应当侧重项目课程。项目课程之间的课时分配应当以工作任务掌握的难易程度和操作频度为基本依据。

在实践中,由于高职院校人才培养方案一般是由专业主导制定的,所以存在非常明显的"重专业课轻文化课"的现象。这就需要高职院校教学管理部门制定相关规定并做好协调工作。

四、课程内容分析

课程内容分析的目标是获得某门具体课程的知识、技能、态度及其组织关系,基本参照点是完成工作任务所需要的职业能力。其中,知识应包含操作知识和理论知识。操作知识指完成某工作任务必须掌握的应用知识,如操作步骤、工艺、工具设备名称等。理论知识指完成该工作任务必须具备的解释性知识,用于解释"为什么要这样操作"。操作知识分析的基本要求是越详细越好,最好能把操作经验、操作诀窍纳入进去。尤其要注意对操作细节的分析,因为细节往往是影响职业能力形成的重要因素。理论知识分析的基本要求是以满足理解工作过程为基本原则,应避免以工作任务为参照点重新剪裁原有的理论知识体系的倾向。

项目课程彻底解构了知识本身的逻辑,代之以工作任务逻辑,要求以工作任务为中心重新组织知识。如果不进行科学设计,知识分布可能出现混乱、不均衡等情况。例如,浙江工商职业技术学院证券交易服务课程是在证券投资概论课程的基础上经项目课程开发而来,其原有知识体系是一个比较完整的学科体系,遵循"基础→应用→拓展"的学科体系进行排列,具体如表1-2所示。

表1-2 证券投资概论课程的内容体系

基 础	应 用	拓 展
证券投资工具:股票、债券、基金、衍生工具 证券市场:发行市场、流通市场	证券投资分析:基本分析、技术分析 证券交易操作	证券组合投资理论 证券市场监管

经过项目化改革后的证券交易服务课程是基于地方证券营业部客户开发经理、客户服务经理、投资咨询主管等岗位的证券交易服务工作任务而设置的,每个相对独立的工作任务设计一个或多个项目,分析、提炼和整合完成这些任务所需的知识、技能与素养,同时融入证券从业资格考试科目的知识、技能与素养要求,形成了基于证券交易服务工作任务的课程内容体系。这种基于

工作流程的、以能力递进为主线的课程内容组织与安排，有利于循序渐进地培养学生的证券交易操作能力、证券行情分析能力和相关的关键能力。

这一步骤结束后，可编写出专业核心课程的标准，通过专家鉴定后，可作为教材出版部门组织教材编写的基本依据。

五、教材编写

本步骤的目标是编写出项目课程的教材，其中包括教科书和各类教辅材料，尤其要开发以电子为载体的材料。教材是教师教学的主要依据，项目课程要得到顺利推广，必须高度重视教材的开发。

基于项目课程开发的新教材编写自然非易事，因为它需要以工作任务为中心，重新选择和组织专业知识体系。对于高职教师来说，这是一种全新的教材模式，因而教师往往难以把握其中诀窍。教师多习惯按照陈述的方式来编写教材，而不是按照工作任务完成的需要来编写教材。因此，要编写出项目课程的教材，需要教师彻底改变已有的教材编写习惯，这对教师来说是个很大的考验。

项目课程是以工作任务为中心来组织专业知识的，专业知识与工作任务之间的关系就要由"三段式"课程中的科层关系彻底改变成焦点与背景的关系，工作任务处于焦点位置，专业知识则处于背景位置。项目课程中知识结构的这一改变使知识本身的逻辑结构而不是知识的地位结构成了课程知识构造的基本依据，从而使职业教育课程彻底摆脱了知识等级划分的阴影。

按照项目课程的理念，可以采用以下教材编写体例：教学目标、工作任务、实践操作（相关实践知识）、问题探究（相关理论知识）、知识拓展（选学内容）、练习。

以浙江工商职业技术学院省重点教材《证券交易》（张启富、谢贯忠主编，机械工业版社，2010年出版）为例，该教材基于证券交易服务项目课程开发的成果，设置了9个项目，所选择的知识以过程性知识为主、陈述性知识为辅。每个项目（任务）由以下部分组成：

（1）教学目标。教学目标即学生在学完某项目（任务）后应达到的目标。

（2）工作任务。工作任务是指某项目（任务）教学内容中与工作岗位相对应的工作任务（学习型项目没有这项内容）。为了让教师能在"做中教"、学生能在"做中学"，本教材在真实工作任务的基础上，将"工作任务"细化为《实训报告》，供学生在学习项目（任务）的过程中实训。

（3）"做中学"。这是学生在完成《实训报告》的过程中需要用到的过程性知识，主要围绕工作任务（《实训报告》）编写。学生在完成《实训报告》中规定的操作性任务时，主要用到本部分知识。

（4）相关理论知识。这是指与本项目（任务）内容密切相关的陈述性知识，供学生在完成《实训报告》时参考，有助于开阔学生的视野和帮助学生建构证券知识系统。

（5）课后任务与习题。这是学生在学习某项目（任务）后需要完成的操作性任务和知识性习题，用来巩固学生从本项目（任务）所学习（获得）的专业技能与知识

（6）能力自评。这是学生在完成《实训报告》、课后任务与习题之后，用于自我评价的具体标准。通过完成（查看）能力自评，学生和教师能较清楚地把握项目（任务）的学习（教学）效果。

（7）《实训报告》。这是对每个项目（任务）"工作任务"的具体化与细化，是学生在课内（外）以团队合作形式完成的操作性任务。学生要将完成的结果、收获等记录在上面，作为教师评判其学习程度的重要依据。《实训报告》不印刷成册，而以电子文档的形式放在出版社和浙江工商职业技术学院证券交易服务课程网站上，使用本教材的教师可以将其下载，根据教学需要进行增删。

六、教学过程分析

（一）教学组织形式

项目课程的教学过程需要不断地变换教学组织形式，如完成工作任务时需要采用小组形式，集体讲授时需要采用班级形式，问题讨论时需要采用小组形式。为了适应这种不断变化的教学组织形式的要求，学校的教学场所，包括桌椅都可能需要做相应改变。

（二）教学方法

项目课程的内在要求是以项目教学法为主要教学方法。项目教学法是以工作任务为核心来训练技能并建构理论知识的教学法。"基于工作任务"是这种教学方法的核心思想。目前，这种教学法不但应用在职业教育教学中，而且在其他实践性较强的课程的教学中获得了广泛应用，如外语教学。它对克服枯燥的纯粹符号形式的教学的弊端，培养学生的职业能力具有重要意义。

这种教学法包括五个步骤：提示工作任务、尝试完成工作任务、提出

问题、查阅并理解和记住理论知识、回归工作任务。这种教学法有两个关键点：一是确定工作任务。项目教学法的基本思想是把知识附着于任务，在完成任务的过程中让学生获得知识。因此，要采用项目教学法，必须先确定务。一般应当通过工作任务分析技术来确定任务，而不能凭主观设想。在教学过程中，尤其要注意通过多种途径让学生深刻体验工作任务，不能作为附带性的教学环节。二是提出问题。任务与知识的重要纽带是实践性问题，因此要有效地采用项目教学法，适当编制合适的实践性问题。

以浙江工商职业技术学院省级精品课程"证券交易服务"为例，该课程在实践中形成了项目导向的教学形式，教师在"做中教"和学生在"做中学"是该课程主要的教学组织模式。整个教学过程分为任务分析与说明、制订计划、实施计划、检查评估和归档五个步骤。

（三）教学场所的设计

项目课程的实施给学校带来的变革是全面而深刻的，除了教师的教和学生的学要发生变化，学校的教学管理制度也要发生变化，教学场所的布局更是要做根本性调整，由以教室为主、实训室为辅转变为以实训室为主、教室为辅，并且实训室不再仅仅是技能训练的场所，而是集技能训练与专业理论学习于一体。以往的实训（实验）室是根据教学的需要设计和建设的，这是一种课程内容导向的实训（实验）室设计模式，存在零散性等缺点，缺乏整体设计思路。如果现有的课程体系本身存在问题，将更容易导致实训（实验）室的设计出现偏差。新的课程理念要求以工作任务分析为基础，按照空间结构与工作现场相吻合的原则设计实训（实验）室。

项目课程的联系论认为，知识、技能与工作任务的联系也是课程的教学内容，而知识、技能与工作任务的联系需要在特定的环境中以某种特定方式得以呈现或展示。这里所说的特定环境即教学场所，从对高职项目课程实施需要的满足程度看，教学场所可以分为三个等级：

第一等级：工作现场。第一等级是真实的工作环境，如果配以真实的工作任务，学生在感受到真实职业氛围的同时，能积累相应的经验，其效果无疑是最好的。

第二等级：理实一体化教学场所。第二等级是能反映真实生产的复杂组织结构和工作流程、可同时实现理论和实践教学功能的理实一体化教学、实训场所。这类教学、实训场所可能建在校内，也可能建在企业内，可将其视作准工作现场，如果配以真实的工作任务或接近真实的工作任务，那么学生在其中进行理论学习与实践操作会取得较好的效果。

第三等级：一般教室。第三等级是指不能反映真实生产的复杂组织结构和工作流程的教学场所，如（多媒体）教室，按学科型课程教学需要配置的实验室、实训室等。这类教学场所会对项目课程实施产生较大的制约作用，学生无法从中完成来自生产实际的教学任务。

从理论上讲，应用型院校应围绕既定目标、根据教学内容的要求来设计和建设教学场所，但由于我国高职院校在发展初期普遍借鉴了普通本科院校经验，在教学场所建设方面也多为普通教室、多媒体教室以及按学科型课程教学需要而设计和建设的实验室、实训室等，所以迫切需要对其现有教学场所进行更新与改造，使其满足工作任务型课程"教、学、做"一体化教学的要求。

第六节 项目课程开发的主要方法

一、岗位定位方法

岗位定位是高职项目课程开发的起始点。按照目标—内容的思维模式，确定人才培养目标，是高职职业课程开发的重要工作。只有准确地界定了专业人才培养目标（培养人才的总体要求），才能准确地把握项目课程体系开发的大方向。而工作岗位的准确定位可给人才培养目标提供准确和清晰的答案。当岗位定位清楚明晰了，便可以对其工作系统与综合职业能力进行准确的描述，从而准确地把握对这些岗位人才规格的要求，继而才能具体地细化各个层次的目标项目，解决项目课程开发中的各种问题。比如，高、中职目标的区分就可以通过岗位定位迎刃而解。表1-3所示服装CAD在服装企业中的高、中职的岗位定位便是一例。

表1-3 服装CAD在服装企业中的高、中职的岗位分析

学　制	高　职	中　职
工作岗位	服装设计师 制板技术员 制板师 放码排料师 服装工艺师	服装设计师助理 制板员（工） 放码排料员 服装工艺师助理 文件管理员

高职课程定位包括岗位、任务和能力三个层面。从课程开发操作角度

看，这三个层面有严密的逻辑关系。岗位定位是该逻辑的起始点，如高职电气自动化专业所面向的岗位可以是电气产品安装、调试员、设备维修员等。据此分析，该专业高职生可以到电气产品安装、功能调试、设备维护和应用设计等领域就业。

岗位定位的方法和程序如下：

（1）汇总企业专家的观点，清楚、明晰地开出本专业面向的职业岗位。企业规模和生产组织方式不同，设置的岗位也会有别，如大型企业与中、小企事业的岗位设置可能不同，通常前者更精细，后者则偏向综合。

（2）统计该专业高职毕业生的就业频率。毕业生就业受多种因素影响。在某个时期、某些情况下，毕业生分布较多的岗位不一定就是该专业重点面向的岗位。比如，服装工程专业的毕业生很多做服装营销。那么，该专业的培养方向是否应该转身服装市场营销呢？目前，我国的市场经济还不够成熟，因此毕业生就业不对口是有多种原因的。

（3）根据专业的发展机会。在以上思考的基础上，最终筛选出该专业应该面向的岗位。这就要求专业定位和课程开发应按地方经济特点、需要，学校师资与课程资源的优势，并考虑其他院校该专业的发展方向，深入思考和决策本校该专业的特色和发展方向。可见，高职职业课程开发是个复杂的系统工程，必须是个校企互动的过程。

二、工作系统分析方法

工作系统分析是项目课程开发的重要基础。工作系统涵盖职业工作任务和工作过程，亦即职业活动的内容。它是联系个体与岗位的纽带，在项目课程开发中处于极其重要的地位。从岗位视角看待任务和过程时，它是岗位职责要求；从个体视角看待时，它就会体现职业能力。因此，该分析可以用表1-4的形式予以表述。

工作系统分析实际上是对某一岗位需要完成的任务、活动过程进行分解的过程，目的是掌握具体的工作内容，以及必须具备的职业能力。该项分析的重大价值包括：一是可以获得项目课程开发所需要的完整的工作体系分析表；二是能为准确、细致地定义或归纳综合职业能力提供重要的基础。

工作系统分析的方法很多，可以采用现场调研法，也可以采用会议研讨法。现场调研法多是组织专家小组到职场观察和记录工作领域、任务和所需要的职业能力。会议研讨法通常由课程专家主持，征集行业、企业专家等的经验、意见和建议，然后加以整合，形成专家小组认可的工作系统分析表。

完成工作系统分析应注意如下三个问题：

（1）要合理、最优的选择行业、企业专家。要选院校所面向的就业地区和企业、行业。企业类型、规模和层次最好不同。

（2）课程专家要适时、适机地正确引导，并鼓励行业、企业专家充分发表意见和见解，然后整合不同的意见，形成小组认可、线索清楚、层次分明的工作系统分析表。

（3）要对工作任务模块逐级划分。可区分为一、二、三级模块等。一、二级模块一般按工作内容分类，三级模块常按工作过程划分和编排。

表1-4列举了服装CAD技术在服装领域中的岗位任务和职业能力分析。

表1-4　服装CAD技术在服装领域中的岗位任务和职业能力分析

工作领域	工作任务	职业能力
1. 服装CAD绘画（表达）	服装CAD基本操作	熟悉服装CAD软件的基本界面、配置及其操作方法 能进行服装CAD软件的基本配置及其操作 能看懂服装CAD的工具图标
	画服装效果图	了解服装款式设计系统 熟悉功能介绍及其绘图工具的使用方法 会利用款式设计系统提供的工具画服装效果图
	为效果图、款式图填色	了解服装效果图的查找和保存方法 熟悉填色工具的使用方法以及调试颜色的方法 会进行颜色的调色，会填单色、多重色
	款式图面料替换	了解网络的功能和调整方法 熟悉面料的收集和存储，以及替换工具的使用 会选择款式图，进行面料替换
	部件组合	了解部件的收集和保存 熟悉部件组合的操作方法 利用部件组合组成新的款式图
2. 服装CAD样板结构制板	设计规格、大类、板型、规格表	熟悉规格的设置方法，大类的添加和删除的方法，板型、款式图、母板的选择方法，规格表的正确填写，会设置规格表 会添加和选择款式大类 会选择首档母版、板型、模板 能正确输入规格表
	基型裙子的制板	熟悉系统工具条及基本工具的操作使用方法 熟悉衣片的复制、保持方法 会分析裙子的结构图及毛样板的CAD制作
	西裤制板	熟悉净、毛样板的保持方法 熟悉用于毛样板的各种工具和使用方法 会分解结构图及毛样板的CAD制作
	女上衣制板	熟悉衣领、衣袖相关工具的用途和使用方法 理解样板检验方法 熟悉制板工具的使用 会分解女上衣结构样板，并制成CAD毛样板 会进行样板核对和检验操作
	变化款式的制板	熟悉省道转移、衣片切展、平移、分割等工具的用处和使用 会根据款型需求选择合适工具，进行变化操作

工作领域	工作任务	职业能力
3. 服装 CAD 排料输出	放码	了解放码的要求和注意事项 熟悉手动放码的操作方法 理解自动放码的操作方法及存盘的不同点 会正确读取样片、自动放码和存盘
	排料输出	了解排料工具的用处和使用方法 熟悉排料管理单编制方法及注意事项 了解手工排料和自动、半自动排料的相同和不同 熟悉面料使用定额的计算方法 熟悉了解排料图和样板的输出 会编制排料管理单 能半自动排料 会设计缩小输出排料方案 会计算面料、辅料利用率、用料定额
4. 服装 CAD 工艺设备	绘制工艺图，制作工艺单	了解工艺单设计的基本方法和要求 熟悉工艺设计系统工具的设置及操作方法 理解工艺图的绘制方法 了解工艺说明书的制定方法和注意事项 能合理选择系统提供的工具绘制工艺表、工艺图 会制定生产工艺说明书
	文件管理	熟悉类似样板的规格表及样板修改，使其成为又一新款 熟悉资料备份、保存的方法 了解编码、检索、存取方法 了解绘图仪的使用，会操作 能将已有款式样板、规格表添加或减少 会进行资料备份、保存 能正确使用绘图仪
5. 服装 CAD 的整合流程与文件输出	服装 CAD 的整合流程与文件输出	熟悉服装生产的整个基本流程和工作任务 了解绘图仪的使用，会操作 能完成款式设计、结构设计、放码、排料、工艺单设计等整体流程的基本操作 会正确使用读图仪，按 1∶1 大小输出排料图和样板

三、课程体系开发方法

从工作任务模块到项目课程体系的转换有以下规则：

（1）边界划分规则。以工作任务之间的区别为界，划分课程门类。

（2）课程排序规则。以工作过程的展开顺序为依据，序化课程设置。

（3）学时分配规则。以工作任务的频度和难度为依据，分配课程学时。

第一，删除那些几乎不需要专业知识和特别技能训练的模块。

第二，对于知识、技能容量恰当，能独立设置课程的一级模块，可直接转换成一门课程。

第三，对于知识、技能容量过大的一级模块进行再分解，形成多门课程。分解时要坚持可行性原则和相关性原则。可行性原则主要指课程不宜太大，并尽可能考虑老师的教学习惯；相关性原则指工作任务具备相关性，以便将工作任务模块划分为比较合理的几门课程。

第四，对知识、技能容量较小的模块进行适当整合，形成容量合适的一门（或几门）课程。整合时，要遵循相关性原则、同级性原则。相关性原则指的是按工作任务相关性合并工作任务模块；同级性原则指只有处于同一级别的任务模块才能整合。

第五，以工作过程的展开顺序为依据，兼顾高职生学习规律，对上述课程进行序化，从而构建项目课程体系。

表1-5是项目课程体系开发的一个实例，主要列举数控专业项目课程的设置。

表1-5 数控技术专业项目课程体系的开发与设置

一级工作任务模块 （来自工作系统分析表）	项目课程开发与设置	
数控加工	数控车削技术	模块分解课程
	数控与加工中心技术	
分析图纸	机械制图	
数控加工设计	CAD/CAM 技术	
数控机床维护	数控机床故障诊断与维修	
其他工作任务	机械制造基础（模块整合课程）	

四、课程内容开发的方法

（一）开发思路

课程内容的开发实际上是基于工作（任务）分析的二次开发。从工作系统分析表可见，职业工作是以一系列工作项目的形式来呈现的。根据高职生的学习基础、学习风格和思维特点、习惯，其知、技、能结构的建构就是经验型的，即课程内容的选择和编排应遵循"特殊→一般→特殊"或"实践体验→归纳升华技术（理论）→实践应用"的思路。项目课程内容开发的总体思路：

（1）以工作系统分析表为基础，进行二次开发。

（2）以一系列行动化学习项目课程内容为载体。

（3）将项目细化分解为若干模块，作为项目课程的学习单元。

上述项目、模块均来自职业岗位，并充分考虑项目、模块二者的典型性、真实性、完整性和覆盖面；实践知识应以工作系统分析为依据，建立相对完整的体系；链接的技术理论知识要围绕实践知识建立相对完整的体系。

（二）项目课程的内部结构化

项目课程本质上是行动化课程，而且是以高职生为活动主体的课程。因此，项目在结构上要以典型工作任务（行动化学习任务）为中心。为方便教学，一般在项目下设置若干模块。项目和模块都要有明确的目标（课程目标和学习目标）和具体的学习任务，然后依次是相关的实践性知识、链接的技术理论知识、拓展性知识和技能练习。其中，实践性知识主要是完成任务的步骤或程序，以及技术规则、技术情境和判断等知识，主要解决"做什么"和"怎么做"的问题；技术理论知识在于促进高职生对实践知识的理解和领悟，并促进高职生的反思性学习和迁移，以帮助其形成综合性职业能力；拓展性知识是对模块学习的一种补充。

（三）项目内部理、实知识的整合

这种整合（或称之为一体化）是以项目为载体进行的。整合的具体措施如下：

（1）紧紧围绕项目或模块（子项目）的行动化学习任务整合理论和实践知识，使两者互相融合或一体化。

（2）合理设置项目或模块，使项目之间的技术理论知识围绕项目内容，按一定方式组织。

（3）项目设置不宜过大，对于较大的项目可以分解为若干模块，每个模块一般为2～4个学时。

（4）每个项目都应有侧重点，不要期待每个项目（或模块）能够解决教学上的全部问题。

（四）课程内容设计逻辑主线的选择

该主线是指项目或模块设置的主要逻辑关系，它可以确保项目或模块设置的系统性和覆盖面。

一般来说，窄口径专业宜以典型工作任务、过程（如典型零件加工、典型设备制造、典型服务等）为逻辑主线，如数控技术专业的数控车削技术，其逻辑主线即典型零件加工；宽口径专业则以典型技术应用为逻辑主线，如机电一体化技术专业的"单片机及应用"课程，其逻辑主线应为单片机技术应用。

五、课程资源开发的方法

（一）课程资源

课程资源是课程教学资源的简称。它是课程教学得以顺利进行的所有材料、手段、器具、设备、场地等的总和。广义的课程资源还包括师资及其知识智能和素质结构，高职生的知识结构和能力基础，等等。项目课程作为以实践为核心、以行动为导向的课程，恰恰需要丰富的课程资源。

（二）项目课程教学资源的分类

按资源功能可以将课程资源划分如下：

（1）呈现课程内容的课程资源。包括教材（纸质教材、电子教材等）、课件（尤其是多媒体课件）、录像与照片等。

（2）支持课程内容呈现的课程资源。主要包括案例（项目型案例、理解型案例等）、历届学生的课业作品、企业资料（岗位任务书、操作规范、工艺流程与文件、质量标准、规章制度、安全事项等）。

（3）引导教学过程进行的课程资源（教学过程设计、实施和考核方案等）。

（4）指导学生操作的课程资源（来自企业的真实项目及其操作规程、仿真设备、仿真操作软件、实际设备与工具及相关操作说明书等）。

（三）课程资源开发思路

（1）按项目课程实施需要开发课程资源

首先，要排除追求时髦、"新颖"、高档次等因素的干扰，严格按实施需要开发课程资源。课程有其教学规律，高职生能力发展有个递进过程。只有遵循规律和递进过程，课程资源开发才能有效。比如，有时需要让学生观察机械设备的内部结构和运行过程，但真实设备是无法实现该功能的，一些模拟设备或软件却能方便地实现这一功能。这说明课程资源并非是"面子工程"，应讲究教学实效。

其次，课程资源开发应系统地覆盖课程实施的覆盖面。换言之，要有整体规划。要以课程开发为先导，依据项目课程开发的整体规划来构建课程资源。开发课程资源，既要考虑内容的完整性，又要考虑层次的完整性，不可顾此失彼，也不可仅顾局部而忘记全局。

（2）按项目课程设计理念开发课程资源

首先，教材开发、设计要体现项目课程理念。项目课程教材开发要努力体现以下三点：

第一，教材结构要任务化、项目化。此项目为单元编写教材内容。

第二，从做到学，即先呈现项目、指导高职生尝试性地完成项目，然后指导学生按经验（或体验）建构知识、技能和能力结构，将理论与实践统一到项目中。

第三，从讲述式到互动式，从学生被动听讲到主动实践，从被动回答提问到主动质疑，从唯一解答到发散思维。

其次，实训基地等硬件建设要努力体现项目课程理念。项目课程要求以项目为基本单元建设实训室、实验室。现有的或原有的以学科课程理念建设的实验室、实训室必须重新改造，以适应项目课程的实施。

第二章　项目课程设计与实施

第一节　项目课程设计的基本原理

结合实践反思，参照相关研究成果，项目化课程体系设计可归纳为任务优先、项目统整、目标层级、经验递进四条基本原理。

一、任务优先原理

项目化课程体系设计是按照由整体到局部、由综合到分析的路径展开的，但体系设计的逻辑起点在底部，即基于职业岗位任务的分析。这是一种内生型课程体系设计的路径，不论是整体课程体系的设计还是具体项目课程的开发，都内生于学生未来职业岗位需求。这意味着项目化课程体系设计先要以任务为参照点，围绕任务需要设置课程，然后再进一步设置需要延伸或作为其支持条件的课程。同时，将需要掌握的理论知识尽可能结合任务学习，尽可能将应知、应会的知识编制到任务中去。任务优先原理要求以任务为参照点进行课程设置，也就是要求依据"工作任务与职业能力分析表"，逐一对其中的任务（可能是工作领域）进行讨论，讨论主要针对某工作领域是否需要设置课程。这一环节的目的是尽可能剔除那些不需要专业知识和特别训练的项目；如果需要设置课程，则需要研究是设置一门课程还是多门课程。此时，哪些知识容量需要适当独立设置课程的项目可直接转换成某一门课程。

二、项目统整原理

在项目课程体系中，项目作为一类特殊的活动（任务）所表现出来的区别于其他活动的整体性特征值得关注。项目具有明确的目标，这个目标的结果可能是一种期望的产品或提供的一种服务，项目就是为实现目标而开展的任务的集合，它不是一项孤立的活动，而是一系列活动的有机组合。在这个组合当中，系列任务统整于项目之下，知识、技能、情感目标的达成也自然统整于项目之下，因此对任务的设计应服从项目整体，而不必过于纠结每项任务达成目标的周全，应本着有效、易施的原则进行任务选择和设计。

任务优先原理强调任务与课程对应，但并非意味着所设置的课程与工作岗位的任务是一一对应的，因为岗位的任务组织方式考虑的是岗位之间的分工，而课程的任务组织方式必须考虑学生的能力发展顺序和教学组织的方便。因而，在项目课程体系设计中，我们可以把比较接近的工作领域进行合理的归并，使工作岗位的任务组织规律与学生的学习规律、教育规律结合起来。结合项目对工作领域进行拆分，一方面要充分考虑所选择项目的典型性，另一方面要充分考虑项目之间的能力区分度，即不同项目对学生职业能力要求的差异是否足以使它们需要通过不同课程来培养。

三、目标层级原理

项目的特质之一就是目标的唯一性和确定性。这就要求以项目为载体设置的课程必须有独立的核心目标，且只能有一个核心目标。只有在核心目标下整合项目时，才能合理地控制项目课程知识范围，避免因目标的模棱两可而引起知识的叠加与重复。但是，作为以项目课程为主体的项目化课程体系，其目标不可避免地带有层级性特征，而这往往被理论研究者和实践者所忽视。一方面，对于项目自身而言，其项目实施目标的描述需要由抽象到具体，要有一定的层次性。上层目标是下层目标的目的，下层目标是上层目标的手段。层次越低，目标越具体而可控。从项目实施的过程进行考量，其目标体现出四个层级：一是技术方法层，即学生通过项目学习所要掌握的一些相对独立的技术和方法；二是系统方法层，即在项目实施过程中体现出的对项目进行组织、协调、控制等管理层面的方法和技术；三是哲理层，强调学生在项目执行过程中养成的与工程、企业人员、同伴能够和谐相处的心性和品格，以及自然生成的社会责任感或历史责任感，是一种思想、一种理念、一种心性，体现的是以人为本的关怀。另一方面，不同项目之间形成的套筒式、并列式、递进式等关系也决定了项目化课程体系下项目课程目标的层级关系。因此，项目化课程体系设计必须关注课程目标群的层级设计。

四、经验递进原理

经验递进原理是指当被设置的课程确定以后，应按学生的经验发展顺序编排课程的实施顺序，使课程与学生曾经的自身经验结合起来，从而更好地建构学生的知识体系。

传统教学模式的课程展开是按照由一般到具体、从基础到应用、从理论到实践的顺序，而依据经验递进原理，职业教育的课程展开顺序正好相反，从具体到一般、从应用到基础、从实践到理论的过程。这种课程展开模式是按照学生学习经验的建构规律进行编排的，切入点很具体，离学生的实际生活很近，便于学生理解并产生学习兴趣，从而更好地建构自身的知识体系。

第二节　项目课程设计的基本原则

一、定向性原则

人才培养目标是对专业培养人才的总体要求，只有准确定位人才培养目标，才能准确把握课程体系设计的方向。高职教育的人才培养有鲜明的职业定性，职业类别、人才结构需求特点使高职教育的专业课程有明确的职业针对性；课程内容要明确地导向培养对象的就业技能、知识、态度，人才培养的规格要体现职业岗位或岗位群的具体要求。可以说，岗位定位是项目化课程体系构建工作的起点，所有项目课程门类的开发、课程内容的选择、项目的设计等都要指向职业岗位对人才的需求。

二、系统性原则

传统课程体系的最大缺陷就是理论体系与实践体系脱节，在这种课程体系下，学生获得的知识是零散的，最直接的表现是缺少方法能力和应用能力。项目化课程体系则强调整体性，有三个含义：第一，项目化课程体系构建过程中各环节是相互联系的，包括人才培养目标确定、岗位工作任务分析、项目化课程体系的构建与运作过程、项目课程内容的选择与组织、项目课程实施及评价等，各要素必须进行通盘考虑；第二，项目化课程体系在人才培养目标上具备整体性，即不是单纯强调人的某一方面的发展，而是强调作为整体的人的各方面的和谐发展；第三，项目化课程体系中有关要素存在整体性，即保证各学科、各种课程类型、各种教育教学活动与方法之间，在达成目标基础上实现内在联系和相互促进，使整体功能得到最大限度的发挥。

三、发展性原则

项目化课程体系要具有发展性，这一发展性有多方面的内涵：首先，作为与经济、行业联系最直接、最紧密的教育类型，职业教育课程是把科学技术转化为直接生产力的桥梁。在这个背景下，项目化课程体系必须随着经济、行业需求的发展而发展，如课程设置、课程内容不仅要与行业技术水平同步，还要适度超前，有一定的前瞻性。其次，项目化课程体系不仅要关注学生直接就业能力的获得，还要关注学生职业生涯的可持续发展，培育学生的可持续发展意识，提高学生的可持续发展能力。最后，对于任何一种课程体系类型来说，其课程体系本身也是在不断发展完善的，要及时反思实践中的不足，吸收和消化其他职业教育课程模式的先进经验，更新课程理念，完善课程体系构建技术及项目课程开发技术。

四、动态性原则

当今社会发展速度在加快，科技突飞猛进，个体兴趣日益广泛多样，政治、经济、科技、文化等领域也不断出现新变化，这些都要求尽快反映在课程之中，所以有必要形成课程更新机制，能够面对不断变化的社会需求做出快速反应。为此，对于与经济世界和工作体系最直接相关的项目化课程体系，必须建立一种积极应变并随时自动调整结构的灵活机制。

五、多样性原则

高职教育的属性、功能和中国高职教育的发展水平决定了高职项目化课程体系是多样化的。具体而言，主要体现在几个方面：其一，职业类型繁多，受教育者需求不同，高职教育必须提供多种多样的课程和课程方案，不同专业类型所对应的课程体系结构及内容也应有所不同。不同的职业类型，其工作任务展开的主线是不同的，或以产品为逻辑线索，或以工作对象为逻辑线索，或以操作程序为线索，或以岗位及典型工作情境为线索，由此形成不同的项目化课程体系开发范式。同时，对于不同的专业，其课程开发技术往往是有差异的。其二，从当前高职教育课程模式改革的现状看，总体处在探索和借鉴经验的阶段，各个院校积极尝试项目化课程体系构建和项目课程开发，但消化、吸收的水平和程度不同，实践过程中出现了名目众多的"课程体系"，这是实践探索的必然结果，是合理的。应该认识到，世界上不会有一种项目化课程体系适合所有的专业，同一个专业也可以形成不同的项目化课程体系，这没有对错之分。其三，我国幅员辽阔，各地区经济发展水平不一，造成地区、行业、院校情况的多样性和复杂性，同时其产业结构、人才需求存在差异，而课程体系改革是不可能脱离地区、行业、院校现实发展水平的，这必然导致项目化课程体系的多样性。笔者认为，项目化课程体系多样化是我国高职教育的客观现实和必然选择。

六、相关性原则

高职教育培养的是生产、服务、管理一线的高素质、高技能人才。生产是指任何制造物品的活动，而制造物品涉及多个环节。服务是指为他人做事，并使他人从中受益的一种有偿或无偿的活动，其特点是不以实物形式而以提供活劳动的形式满足他人某种特殊需要。管理是指组织中的管理者通过实施计划、组织、人员配备、领导、控制等职能来协调他人的活动，是他人同自己一起实现既定目标的活动过程。生产、服务、管理体现的都是一种活动的过程。无论是培养哪一领域的应用性和技能型人才，在专业范畴下，各门类课程设置都要指向为人才培养目标的实现服务，为实现人才将来的"生产活动""服务活动""管理活动"服务。因此，项目化课程体系构建的逻辑起点必然是工作体系，更确切地说，应该是活动体系。工作体系和活动体系的关联性决定了项目化课程体系中课程门类各要素间的关联性以及某门课程内容之间的关联性。

七、结构性原则

每个系统都有一定的层次结构。系统由多种要素组成，组成它的各要素又自成一个系统，每一个小系统下又由很多要素组成，这一事物与其他事物一起还构成了更高一级的系统。这样，任一事物都身兼若干重系统，各层次系统的各要素相互之间都可以发生显著的或潜在的相互作用。系统的基本结构形式有机械的、物理的、化学的、生物的和社会的，这是人对复杂系统中元素的组织形式的认识。项目化课程体系不同于学科课程体系，其有着独特的结构，因此高职教育课程体系模式改革的主要突破口是进行一场对"结构"的革命。它有两个方面的内容：一是实现课程结构的根本转变；二是实现课程结构的整体设计。就前者而言，是要建立与职业体系相适应的专业体系，建立与工作结构及活动体系相适应的课程体系和教学内容体系。就后者而言，是要基于工作体系和工作结构整体化设计，而不是局部化设计课程体系和教学内容体系。需要强调的是，工作结构的外部结构是开发课程结构的依据，工作结构的内部结构是教学内容选择和教学实施设计的依据。

一般来说，项目任务设计必须遵守下列基本原则，才能达到预想的教学目的。

1. 目标。课程项目与企业项目不同，其目标不是利润，而是认知（能力、知识理论和德育）。随便拿一个事情让学生动手操作，或完全按照企业生产方式完成项目，都不能达到课程的认知目标。

2. 边做边学。传统教学中习惯的教学方式是与之对立的"先学后做"原则。项目课程教学的内容来自工作中的问题，不是来自课本的章节。边做边学、任务引领、问题引领解决了学生学习的主动性问题，顺应了初学者的认知规律，反映了工作的发展规律。这件事的困难在于改变教师的传统教学习惯。

3. 多重循环。整体设计中的项目和单元设计中的任务都要尽可能有多个，从而形成从简到繁、逐步覆盖主要情境和内容的多重循环。项目任务要有多个，每个项目任务也要有多重目标，要让学生有选择的空间。

4. 真做真学，通过出错和对比进行启发式教学。学生在学习过程中出错是正常的现象，真正的能力只有在异同对比、正误对比、优劣对比、成败对比中才能产生。作为教师应当学会"设计出错情境，让学生通过出错学习"。项目任务中的操作不能仅是正面的、规范操作的反复训练，必须让学生遇到出错的、意外的、紧急的、违规的等各种情况。比如，教师可以把实际岗位中各种可能遇到的主要情况设计进自己课程项目的情境中，以"行动引导"的方式进行教学。这样的方式能让学生在正反两方面都积累相应的"工作经验"，通过正反对比进行训练和学习。这样的能力和知识才是职业岗位所需要的、有效的、能解决实际问题的能力和知识。

5. 校企结合、工学结合。教师在设计项目时要按照认识论的要求，对企业中的实际工作进行改造，使项目操作便于实现学习目的，而不是把企业工作简单搬来学校。课程项目主要在校内实施，但必须注意尽可能有企业的参与和配合，避免课程项目成为脱离实际、脱离社会、脱离企业的虚拟工作。师生尽可能走出去，到企业走访并参与实际工作。项目实施中尽可能把企业的专家请进来，参与指导和验收，这样才能使项目的实施过程与职业岗位上的工作尽可能接近。近年来，有条件的院校开始大力推进与企业深度结合的"产学研"结合的项目教学，这是十分重要的方向。产学研结合的项目从本质上与教师设计的项目不同，是真实的项目。把企业真实项目与教师设计项目有机结合起来，是搞好应用型教学的有效途径。

工学结合的课程在项目实施过程中要尽量避免项目的操作过程与知识理论的学习过程脱节。

第三节 项目课程设计的基本模式

根据对国内外高职教育项目化课程体系的研究，以及一些院校的实际探索，现归纳出项目化课程体系设计六种模式，具体如下。

一、产品制作载体式课程体系模式

对于以产品制作为主的技术应用专业，可以采用此模式。在广泛调研的基础上，分析其所需专业能力，对专业能力进行归纳，以培养学生产品制作能力为主线，以典型产品为载体，构建项目化课程体系。其中，按照专业能力对应关系，以典型产品制作为主线设置课程模块，每一个课程模块就是一类产品的制作训练项目，学生学完该课程模块，即获得某一类产品的制作能力。

例如，深圳职业技术学院根据应用类专业特色及对应的岗位工作特点，基于"工作过程系统化"的思想，致力以技术应用能力培养为主线，构建与职业技术岗位真实工作任务相一致的课程体系。其中，微电子技术专业"典型产品制作贯穿式"课程体系就属于这种类型。

在深圳众多企业的支持和参与下，微电子技术专业先根据近年来深圳集成电路设计企业用人特点，按由高端到低端的顺序，将专业技术人员的工作岗位分为IP（知识产权）核设计、IC（集成电路）系统设计、IC线路设计和1C版图设计等。在企业工程师的参与下，对岗位群中的每一个就业岗位的工作内容进行具体描述，提炼该岗位从业人员所需的技能素质要求。从岗位描述出发，对所有职业岗位的职业素质能力进行分析，得出微电子技术专业的学生应具有的能力，包括基础能力（含职业素质）、专业基本能力和专业能力，然后得到专业培养目标。根据专业培养目标，从核心就业岗位和主要就业岗位所要求的职业能力和素质出发，构建"两大核心、三个平台"的课程体系。"两大核心"是指与核心就业岗位和主要就业岗位相对接的两个专业优质核心课程，"三个平台"是指支撑两个专业核心课程的文化素质、专业基础和专业技术平台课程。其中，专业基础平台课程和专业技术平台课程及优质核心课程均采用项目化设计方式。

杭州职业技术学院以结构设计为主线的服装专业整体职业能力课程体系便属于此模式。其课程体系基本内涵是基于整体职业能力培养，以服装结构设计能力为主线，从一年级上下装结构设计与制作开始由浅入深、循序渐进，以裙子、裤子、连衣裙、马甲、夹克衫、西服、春季流行女装、冬季流行女装等典型服装为载体，分别设置下装结构设计与制作、上装结构设计与制作、春夏女装设计与制作、秋冬女装设计与制作四个大的模块（项目）课程。服装是服装专业教学过程中最重要的教学载体，学生学习的最终目的是完成符合流行时尚的服装的设计与制作。课程的设计强调以典型产品为载体完成课程体的建构，在课程整体设计的框架上，先分工作的大项目（或称工作单元），每一个项目的确立都基于整体职业能力培养，然后把工作项目细分为有序的、相互联系的工作任务。

二、职业能力模块式课程体系模式

构建这类课程体系的基本思路：对于以应用能力为主的专业，以岗位核心能力培养为重点，构建基本素质、专业基础能力、专业核心能力、专业拓展能力模块，再根据模块内容复杂程度，在每个模块下设置若干子模块，或者直接设置若干项目或项目课程，由此形成模块化的项目课程体系。其突出特点是学生有较大的选择灵活性，为个性学习需要和可持续发展提供了可能。

例如，常州机电职业技术学院数控技术专业形成的项目化课程体系就属于此类型。该专业以工作任务分析会议形成的资料和数据为基础，多次组织课程专家、专业教师召开课程分析会议，完成工作任务分解表向课程设置的转换，建立与工作结构对应的课程体系，完成课程门类的重新划分、课程的整合、课程学时的重新分配，制订数控技术应用专业教学计划。新的课程体系包括系列项目课程、德育课程、普通文化课程和综合实践课程。系列主干项目课程包括：机械制图、CA/CAM、机械制造基础、数控机床故障诊断与维修、数控车削技术、数控铣削技术6门课程。

其开发项目课程内容结构的总体思路：以工作任务为中心、以课程分析为手段、以工作项目为载体、以工作过程的逻辑关系为基本依据，组织课程内容，以由易到难、由浅入深、循序渐进为原则设置教学项目或模块，形成以工作任务为中心、以技术实践知识为焦点、以技术理论知识为背景的课程内容结构，实现课程内容结构由学科结构到工作结构的转变。这就要求教学项目充分体现典型性、真实性、完整性和覆盖面。对于不同的项目课程，针对技术特点及工作流程采取不同的项目安排形式，如数控车削技术课程以零件的复杂程度为递进关系来设置项目；数控机床故障诊断与维修课程以数控机床的功能单元为并列关系来设置项目；低压供配电设备设计安装维护课程中部分内容以产品制造工艺流程为顺序关系来设置项目；单片机控制系统设计和维护课程针对某一典型技术逐步拓宽其应用范围，形成一系列呈套筒关系的项目。

三、职业成长主线式课程体系模式

在具体项目课程开发过程中，应根据职业能力发展的5个阶段（初学者、高级初学者、有能力者、熟练者、专家）确定出各典型工作任务的逐次提高的学习难度，形成理论实践一体化的"学习情境"，从工作的整体性出发，构建以职业成长为主线的系统项目。由于项目化课程体系开发的参照点是任务，学生在完成任务复合程度较高的项目时往往需要相对系统的理论知识和熟练的单项技术、技能支撑，因此项目下要设若干个二级项目，再据此分为若干项工作任务，将理论知识和单项技术、技能点融合在各项任务中，完成整体工作任务，即完成项目，由此获得综合的职业能力。

例如，石家庄铁路职业技术学院电气自动化技术专业探索出的项目化课程体系可以归为此种类型。专业组根据毕业生所面向的岗位群，以电气施工、铁路施工用电、电气控制设备生产等生产项目为载体，依据"学中做、做中学"的理念，使学生的职业技能培养按照"初级工→中级工→高级工"递进式提高。

整个课程体系分为两个系统：基础课系统和专业课系统。基础课程系统的构建主要按照全人教育理念，注意课程内容的必要性及课程之间的连贯性，单门课程引入三级项目（单门课程内设置的项目），多门课程间引入二级项目（包含专业一组相关核心课程和能力要求的项目）。基础课系统主要是在第一学年实施。之后，在构建基础课程系统的基础上构建专业课程（含实践课程）系统。每一门专业课程都有三级项目作为该课程知识点的载体，按照集成化课程设计原则，将若干门专业课程设计成一个课程群，课程群有一个二级项目作为载体，最后通过一级项目（属综合项目，指包含专业主要核心课程和能力要求的项目）将课程间的知识有机联系起来。专业实践教学内容融合在课程中或独立设置，实践技能训练逐步递进，且都有一级、二级或三级项目作为载体。专业课程系统一般在第二、三学年实施。

在该课程体系中，专业基础课和专业课、实训课全部采用项目教学（将知识、技能融入典型的生产项目中，以项目为载体来传授知识、技能），使生产项目与课程融为一体，实现课程、项目一体化。项目与课程的融合式主要有"一项一课""一项多课"和"多项一课"等形式。"一项一课"就是将个项目融合到一门课程中进行组织实施；"一项多课"就是将较大的项目融合到多门课程中进行组织实施；"多项一课"就是将多个小的项目融合在一门课程中进行组织实施，这种形式主要集中在基础类课程中。

课程体系实施采取"三层次、五学段"的培养途径，实现培养过程阶段化、培养能力递进化。将职业素质教育贯穿人才培养全过程，强化职业道德教育，把立德树人作为根本任务，把社会主义核心价值体系融入人才培养的全过程，实现学生向员工角色的逐步转变。三层次：学生的职业技能培养按照"初级工→中级工→高级工"递进式提高。五学段：将整个教学培养过程分为五学段。

第一学段（42周）：初级技能以及人文、艺术社会等基本素质培养（或社会人培养）阶段。内容：专业基础课＋生产项目、通识基础课＋项目。采用"课堂教学和项目教学为主、实训课为辅"的培养方式。

第二学段（42周）：中级技能以及个人能力（职业道德、诚信与责任、创新思维能力、处理问题能力）的培养阶段。内容专业课＋生产项目。将电气控制设备生产、电气施工、铁路施工用电等知识、技能分解到若干个项目中，开展项目教学，实现"教、学、做"一体。

第三学段（14周）：高级技能以及职业能力（职业道德、诚心与责任、创新思维能力，处理问题能力）培养阶段。内容综合实训＋生产项目＋职业技能鉴定（高级工）。主要开展电气、电力、电子等方面的职业工种技能训练和工种鉴定，培养学生熟练的岗位操作技能，全面提高学生的职业素质。该学段教学全部在"教学车间"内完成，以学生的自主训练为主。

第四学段（7周）：强化技能以及团队协作能力（集体意识、社会责任、人际交流能力、关系处理能力）培养阶段。以项目小组形式围绕电气设备生产项目（或铁路施工项目）进行综合项目训练（或系统设计），培养学生专业技能的实际应用能力和团结协作能力，进一步使学生具备组织实施一个完整项目的能力。

第五学段（21周）：顶岗实习阶段。通过参加社会锻炼，强化学生的职业素质和专业技能，为学生的就业做好铺垫。在这5个学段的培养中，学生的知识、技能、态度和3年不断的紧密连续、深度融合的项目融为一体。

在教学时间安排上，为了适应"做中学"的方式，按照小班组织上课，同时将原来的2小时一次课改为4小时一次课，最大限度地保证一个教学项目实施的完整性和连续性。

在整个教学实施过程中，按照"校企合作、工学结合、项目导向、任务驱动、教学做一体"的理念去组织实施。

四、课证融通式课程体系模式

对于职业准入要求比较高的专业，可以采取课证融通式课程体系模式。课证融通式课程体系包括三个层面。一是大类专业层面的课证融通式课程体系结构。具体思路是将某专业的培养方向与某一职业资格证书要求或职业标准统一起来，在满足普适性能力培养的基础上，将该专业的培养目标、课程体系、教学方式等完全按照职业资格证书获得的要求来确定。二是具体专业层面的课证融通式课程体系结构。具体思路是根据专业培养目标，在职业能力分析的基础上引入职业资格标准或企业认证标准，按照岗位不同等级职业资格证书及企业认证标准的技能培养要求对应设置专业主干项目课程，包括通用课程、专门课程以及实训课程。三是某门课程层面的课证融通式课程内容结构。具体思路是按照某种职业资格证书要求，设计课程中包括的职业资格证书所要求的应知应会内容，理论与实践融为一体，课程目标为获得某种职业资格证书。

例如，深圳职业技术学院楼宇智能化工程技术专业"基于课证一体"的课程体系就属于这种模式。其基本内涵是主干课程设置分别对应不同等级的"智能楼宇管理师"职业资格标准，培养学生以达到国家职业资格四级（智能楼宇管理员）并通过资格鉴定为最低要求，部分学生达到国家职业资格三级（助理智能楼宇管理师），优秀学生达到国家职业资格二级（智能楼宇管理师），100% 学生获取"双证书"毕业。

五、业务流程进阶式课程体系模式

构建这类课程体系的基本思路：对于职业岗位的业务流程和程序化特征突出的专业，按照各业务流程的需要设置和排序专业主干项目课程，项目课程中各项目同样按业务流程来选择和设计。其基本特征是各主干课程设置与业务流程各阶段的技能要求一致，符合岗位职业能力要求和生产实际。

例如，深圳职业技术学院印刷技术专业"基于工艺流程"课程体系就属于此模式。其课程体系内涵是在进行国内印刷企业人才需求调研与职业岗位能力分析的基础上，借鉴澳大利亚、德国的印刷专业课程设置经验，与海德堡、中华商务、雅昌等大中型印刷企业合作开发以印前、印刷、印后生产工艺流程为主线的专业项目化课程体系。具体来说，该专业课程体系分为印前、印刷、印后 3 个主要模块和拓展能力模块，通过岗位职业能力和工作过程分析,设置 5 门专业核心(项目)课程和 10 门专业主干(项目)课程(含核心课程)。

六、项目贯穿式课程体系设计模式

项目贯穿式课程体系的设计思路是以项目贯穿整个人才培养周期。根据学生能力成长规律和认知规律,由分析到综合,由单一到复杂,以系统整合的思想设计项目组织形式,以项目为中心组织课程模块,分阶段递次实现人才培养目标。

例如,苏州工业园区职业技术学院制造类专业基于"做中学"的思想,按照 CDIO 工程教育人才培养模式构建的项目化课程体系可以归为此类型。CDIO 是"做中学"的一种模式,是构思(conceive)、设计(design)、实现(impleme)、运作(operate)4 个英文单词的缩写,它是"做中学"和"基于项目教育和学习"的集中概括和抽象表达。它以工程项目(包括产品、生产流程和系统)从研发到运行的生命周期为载体,让学生以主动的、实践的、课程之间有机联系的方式学习工程。

制造类专业以 CDIO 项目为课程体系的主线,设置一级项目(毕业项目)、二级项目(学期项目)、三级项目(课程项目),在课程中以系统化的三级项目为载体承载知识、技能和素养的训练。在学期中,以二级项目(学期项目)为中心,联系一个模块的课程学习,通过项目的"设计—制作"巩固、运用知识与技能,强化学生的创新能力;以三级项目(毕业项目)为综合训练,使学生的硬技能与软技能得到进一步的提升。这就要求教师充分取 CDIO 的"做中学"的教学理念,注重让学生参与项目的全生命周期的运行,从项目的构思、设计制作运行四个环节中主动获取知识,注重知识与能力的关联,突出学生硬技能与软技能的培养。

在课程体系构建中,以培养学生综合职业能力和可持续发展能力为出发点,以"做中学"为课程体系建设基本原则,与企业专家共同研讨,精心设计 1C+5P 能力训练体系,并采取案例课程、项目课程的模块化组合方式,形成与之相对应的课程体系。"1C"是指一套案例(case):案例是单门课程的教学体,是工程中已有的成果,其承载知识、技能与素养的学习,是实施项目制教学的前提。案例学习注重 CDIO 的"实施"和"运行"两个环节,"实施"侧重硬件和软件的过程、测试和验证,以及设计和管理的执行过程,"运行"则注重项目方案的优化、改进与维护。"5P"是指 5 个项目,包括 4 个学期项目与 1 个毕业项目。学期项目是课程模块的运用载体,是工程中未有的成果，其承载学生"主动完成任务"与"做成事"能力的培养。学期项目在大一与大二两个年级实施，其注重"构思"与"设计"两个环节。毕业项目可以在岗前，也可以在岗后进行，是企业中的真实项目。毕业项目在大三年级实施，要求学生至少完成一个经历完整的CDIO项目。在课程体系中，案例教学与学期项目并行实施，使职业能力与可持续发展能力训练渗透每门课程及课外活动中。

课程体系采取"模块化"设计思想。在校企共同进行基于工作过程的课程开发后，为便于实施学期项目，常建立以学期项目为中心的课程模块。一个课程模块是针对某一任务领域的专业课程、职业素质课和选修课的组合，并按照职业能力的成长规律进行排序，从而使课程间的知识有机联系起来。学生学完一个模块后能从事某一领域的工作，更主要的是能通过课程的集成运用进行学期项目的设计与制作。比如，数控技术专业教学方案中的"实用小产品的设计"项目就由机械图样的识读与绘制、零件的手工制作、机械零件的力学分析、常用机构与机械传动、相应的人文素养课等课程组成模块。

综合来看，上述课程体系模式只是基本样式。针对专业特点，项目化课程体系的设计一般都会融合各种设计模式的优长或对上述基本样式进行相应的变形，或对几种基本样式进行整合。石家庄铁路职业技术学院电气自动化技术专业探索出的项目化课程体系既体现出以职业成长为主线设计的特点，又以项目贯穿整个人才培养过程。整体而言，项目化课程体系架构一般要体现如下要素：以核心岗位职业能力为主线，每一主线横向都遵循能力进阶规律，纵向遵循知识递进规律，实现项目课程的前后衔接；以岗位职业能力为本位，以职业标准为参照设计项目课程，实现项目教学与职业资格考证的融合；以模块化组织形式安排项目课程，突出课程选择的灵活性和弹性化；按照一定的逻辑关系设计项目顺序或项目层级，突出项目的有效性。

第四节　项目课程设计的步骤及技巧

一、项目设计的步骤

项目课程设计的正确过程应当按照以下三步进行：

第一步，设计"项目工作"自身。建议在设计课程项目时，先设计一个只考虑工作本身，不考虑"教学要素"的项目。按照企业工作的要求，设计一个详细且完整的项目工作过程：甲方、乙方、角色、要求、数据、背景资料、图纸、计划、流程、环境条件、场地、设备、工具、材料、各种可能的问题、验收的标准、奖罚标准、工作的步骤等。初步设计出项目的整体情境和阶段情境，覆盖该工作可能涉及的所有主要内容。也就是说，先把"要做一件什么具体的事情"想清楚。这个阶段应把工作的操作性、完整性要求放在第一位，暂不考虑教学要求。画出完成此"项目"的工作流程图，将项目按照工作实施过程划分为若干子项目，这就是"工作过程导向"。

这个部分主要展示教师的专业工作经验和能力。

第二步，项目的"教学设计"。先确定该项目的展开方式是单一循环还是多层循环，在尽可能保留上一部设计的"工作过程的完整性"的前提下，将教学要素考虑进去。项目如何展开；在项目的什么情境下引出什么问题，用什么方式进行教学，何时用行动引导，何时项目应当暂停，从而进入教学；何时进行知识传授，何时进行知识和技能的总结，何时引出何种知识，抽象知识怎样与正在进行的操作进行对照融合，何时引入对比的结果，怎样从具体工作引向一般结论，等等。这个阶段要对照知识的系统描述进行检查，特别是检查应用知识的系统性和完整性。

这个部分主要展示教师的教学经验和能力。

第三步，将考虑了教学要素之后的项目落实到单元教学。根据项目工作和教学要求，准备充分的背景资料，建立课程的教学数据库，然后将这个大的项目分解到每个子项目和每次课中，设计每次课的项目任务及其单元情境。设计每个单元教学的"教案"，将工作过程与教学过程有机融合到每次课的教学中。

如果一门课总共要上若干次，就要为若干次课设计若干个以上的精彩的单元情境，用这些情境覆盖实际岗位中的常规操作、错误操作、环境意外、紧急情境和违规操作等各种情况，让学生通过"体验"认知并训练能力，力争每次课的情境都生动、精彩、丰富，而不是重复枯燥的操作训练。只有让学生感到"真有趣""真有收获"，这样的课程整体设计才是成功的。

这部分是对教师企业实践经验、专业实践经验和教学能力的综合考验。

二、项目设计的技巧

（一）将学习对象设计成"产品"

在"模拟电子技术"课上，学生需要学习大量的知识、理论、计算等内容，要训练大量的相关技能。如果教师仅按照课本章节传授相应的间接知识，教学效果显然不好。但是，设计出一个学生高度感兴趣的产品（扩音机），这个课程载体就激发了学生学习所有相关知识、训练所有相关技能的内在动力，课程的教学效果也会得到明显改进。其实，对于学生来说，完成产品的过程就是知识和理论的应用过程。

（二）将学习对象设计成"一个尽可能具体、真实的工作过程"

"导游"课多用具体的导游项目引导学生学习相关知识理论、训练相关能力。与单纯讲解间接知识相比，项目教学是通过"知识的应用"过程进行学习，而这往往可以取得明显的效果。

（三）将多个"项目"设计成该领域的进化过程

多台扩音机从简到繁的设计与实施反映的就是电子设备（元器件、电子线路）按照社会需求不断进化的过程。学生通过这个典型产品（项目）的设计、制作过程学到了电子技术领域的发展动力和发展过程。

教师要学会设计课程教学的项目和任务，能够将课本上的"间接知识"转变成学生可以操作的工作过程，让学生通过操作，生产出产品或完成这项工作，从而训练具体能力，同时积累"直接经验"。

第五节 项目教材的设计实施

一、项目教材设计的基本原则

项目教材设计是一项需要科学性和规范性的实践活动，必须遵循一定的基本原则，即项目课程理论原则。这些原则对具体项目教材设计提供指导，具体如下：

（一）知识与工作任务要密切联系

项目课程理论认为，职业能力即知识与工作任务的联系。纯粹的知识不是职业能力，纯粹的工作任务也不是职业能力，只有当知识与工作任务相结合，个体能富有智慧地完成工作任务时，才能说该个体具备了职业能力。要有效地培养学生的职业能力，让学生在实施工作任务的过程中主动学习相关知识，并在做的过程中理解知识的价值和意义，使知识的学习和工作任务的实施真正融合，而不是被迫接受一些与工作任务无关或关联性较低的僵化的知识。

（二）知识的组织要依据工作逻辑

项目课程既要求课程设置反映工作体系的结构，又要求按照工作过程中的知识组织方式组织课程内容。课程内容的组织模式应当以工作过程中的知识关系为基本依据，而不能以静态的知识关系为依据。项目课程要求打破知识的学科逻辑并非意味着不需要逻辑，而是认为逻辑是有多种类型的，对于职业教育课程来说，其更应当遵循的是工作逻辑。

（三）工作任务的完成要遵循工作过程和结果的有机统一

项目课程强调以典型产品为载体来设计教学活动，整个教学过程最终要指向让学生获得一个具有实际价值的产品。以典型产品为载体，从功能的角度看可以有效地激发职业学校学生的学习动机，从理论的角度看则意味着"实践观"的重要转变。项目课程的实践观把实践理解为过程与结果的统一体，认为实践只有指向获得产品才具有意义，才能达到激发学生学习动机的目的。

课程重视学习结果对学生的引导和激励作用，但这个学习结果不是分数，而是真实可见的项目成果。学生在做项目过程中一方面获得了那些与项目实施有关的知识和技能，另一方面能看到自己做出的项目成果。可以说，它是学生判断自己职业能力的最有效的证据，也是增强学生的学习乐趣的抓手。

这些观点要切实地落实到项目教材中，才能使设计的项目教材反映项目课程的理念，具有项目课程的自身特色。

（四）整体性教学设计理论原则

整体性教学设计理论提出由整体性学习任务来取代部分学习任务，并且各种学习目标不能自成系列分而教之，而是整合在学习任务中，使这些学习目标彼此相关联。另外，整体性教学设计理论提出划分迁移性任务和非迁移性任务，让学生在做迁移性任务时既要掌握完成任务的具体化知识，又要掌握具备迁移性质的抽象知识，让学生进行多形式的任务练习，以适应不同的任务情境。

整体性教学设计中的四要素教学模式是整体性教学设计的实践机制。四个要素分别为：①复杂学习任务综合了知识、技能与态度等要素，它由不同难度的分任务组成，需要两类技能即可重复性技能和不可重复性技能；②支撑性信息具有抽象性和概括性，可被用于对学习任务解释以及不可重复的任务情境，其应用不局限于某一个子任务，它要在学习任务启动之前呈现给学生，让学生在完成这一组学习任务过程中有相应的理论指导；③即时性信息具有较强的程序性和具体性，是学习者完成某一子任务的操作指令和指南，它主要是在学习者遇到具体的任务实施困难时，由教师或师傅提供的及时点拨，这种信息缺少普适性，具有任务的针对性和精确性，随着下一步任务的开展会很快消退；④整体性的任务中存在需要达到自动化水平的技能，信息的获得不代表技能已达到自动化的水平，还需要在教学设计时留有一些局部任务练习来保障自动化水平技能的获得，这些局部任务穿插在整体性任务组之中，是整体性任务的有机构成。

可以看出，整体性教学设计理论致力于工作任务中不同学习要素的整合、学习目标的综合性和学习的有效迁移，这些都为项目教材设计者提供了较好的理论依托。

（五）能力本位原则

能力本位教育以全面分析职业角色活动为出发点，以提供产业界和社会对培训对象履行岗位职责所需要的能力为基本原则，强调学生在学习过程中的主导地位，其核心是如何使学生具备从事某一职业所必需的实际能力。能力本位教育中的"能力"是指一种综合的职业能力，它包括四个方面：与本职相关的知识、态度、经验（活动的领域）、反馈（评价、评估的领域）。这四方面均达到才构成一种"专项能力"，专项能力多以一个学习模块的形式表现出来。若干专项能力构成一项"综合能力"，若干综合能力又构成某种"职业能力"。一般而言，职业能力包括专业能力、方法能力、社会能力等。

在项目教材设计中应注意不要出现能力形成条件缺失的情况，以避免因为能力形成条件的缺失而影响能力的形成。同时，应注意遵循能力形成的过程和特点，避免因能力形成过程环节的缺失而影响学生能力的形成。

二、项目教材的设计策略

（一）项目教材的结构设计

教材结构指教材中各组成部分的关联、搭配和排列，是教材内容组织形式，其设计关乎教材功能的发挥和教材价值的体现。

1. 项目教材的总体结构设计

项目教材的总体结构设计主要涉及项目的确立和项目的序化，项目的确立是项目教材的总体结构形成的基础，而项目的序化是使这些确立的项目建立合适的逻辑，从而更好地发挥其教学功能。

确立项目可以从了解项目的类型、明确项目的开发步骤和对项目的教学化改造三方面着手。选择的项目一般以结构性项目为主，同时考虑项目课程实施的要求、时间、条件以及学生的特点。项目的教学化改造主要是让确立的项目更合乎项目课程要求和实施，选择的项目应以当地企业的日常项目为主，对应企业典型工作任务，项目的大小和构成要适中，能够激发学生的兴趣。

项目序化是指对已经确立纳入项目教材的项目进行垂直方向上的合理安置和排列，一般有三类基本模式。第一类是递进型模式，其项目序化依据项目学习的难度，在教材中将简单易学的项目置于学习难度大的项目之前，通过逐级增强项目学习的难度提升学生的职业能力；第二种是并列型模式，其中的项目学习难度相当，而且彼此在真实工作中的依存关系较小，即无论先学习哪一个项目都不会对项目学习造成很大的影响；第三种是流程型模式，这种序化模式的特点是各项目中的工作任务安排依据明确的先后工序，这些具有明确的工作顺序的项目是不能随意置换实施顺序的，否则将使项目的学习中断甚至出现混乱。

这三种基本的项目序化模式是可以共存和兼容的，而不是非此即彼的，它们往往以交叉、组合和嵌套等方式存在于同一项目教材中。

2. 项目教材的具体结构设计

项目教材的具体结构设计是教材中项目的体例设计，主要探讨如何围绕项目来组织教材内容。项目教材的体例不是由纯粹的知识点和习题罗列而成，而是一个个兼容理论和实践的活动项目，且每个项目的基本构成主要包括四部分：总项目、子项目、任务和项目学习评价表。

（1）项目和任务的名称是对项目或者任务内容的概括性语句，可以让学生明确将要学习的对象。项目导言的设计要精炼和概括，既不能长篇大论，要让学生对项目有大致的了解，又也不能太过理论化和抽象化，应与学生的生活世界相一致。学习目标以项目课程标准为依据设计，这样更符合岗位的能力要求，可使选择的学习内容更有实用性；应该包括知识、技能和职业素养三类，不能偏重一方；习目标以学生为表述对象。

（2）项目教材中的工作任务划分为"清单式"任务和"展开式"任务。"清单式"任务采用清单的表述方式，把项目中工作任务按照实施的先后顺序罗列，不深入探讨工作任务的内部构成。"展开式"任务是对"清单式"任务的细化，它呈现完整、详细而具体的工作任务。"展开式"任务主要包括项目任务书、项目活动和与项目中任务相关的知识与习题。

（3）项目成果示例可让学习者明确所参与项目的最终形态，起到激励和引导学生学习的功能，而且学生可以把自己做的项目成果和示例进行比较，发现成果中的问题。项目成果示例设计要有真实性，必须是所做项目的真实成果，最好采用照片的形式呈现。

（4）项目学习评价表包括评价表头、评价项、评价的具体内容、评价标准与赋值、评价主体、评分权重和评价得分等。

第一，评价表头的设计。评价表头主要记录参与项目学习的学生信息和活动信息，它包括学生姓名、班级、所参与项目的名称和做项目的时间等。

第二，评价项主要考查学生在项目学习中的任务完成情况，应该设计项目活动的考察维度。

第三，评价的具体内容是对评价项目的具体化，它的设计应包括任务完成关键点、任务参与表现与作品质量。

第四，评价标准就是利用不同等级的形式来表示学生对任务要求的达成水平，所设计的等级数量要根据任务的复杂程度而定，一般分级数量为3～6级，复杂的任务评价需要的等级会相对多一些，同时表达等级的词要反映学生表现和评价标准的关系，如哪种表现是表示"不达标""接近标准""达标"和"标准以上"等水平。为了使评价结果更为清晰，一般会给不同等级的评价标准赋予分值。

第五，评价主体应多元化，应包括教师、学生本人和小组成员三方，评价权重总和为100%，权重的分配没有固定值，应该在三方评价主体中均衡分配。

第六，评价得分包括任务得分和项目得分，这两个得分都是直接来源于教师、学生本人和组员三方的评价结果。任务得分是让学生明确自己做的每个任务的完成情况，项目得分则是让学生明确自己在某个完整的项目中的学习情况。

（二）项目教材内容的设计

传统职业教育教材内容的主要构成是知识，存在理论和实践分立与分离、学问化特征明显、实践性不强、情境性缺失等问题。如果传统职业教育教材内容要置换成项目化教材内容，则需要实现以下转向：加强教材内容的情境性和建构性、教材内容和工作任务紧密相关、强调理论内容和实践内容的整合、增强知识类型的多样化，以及使教材内容具有开放性和对话性。因此，项目教材内容设计是一个"破"和"立"结合的过程，需要围绕项目活动的设计和知识的设计两大方面展开。

1. 项目教材中活动的设计

（1）项目任务书的设计。项目任务书不是对活动的方法和过程的说明，而是对需要完成哪些任务的提示，它包括活动的结果，而这些结果是一种留白性的未完成状态，学生需要在活动的实施过程中将这些结果补充完整。设计项目任务书时要求对任务的陈述要清晰、简练并有顺序性，表达方式可以采用文字叙述或者表格的形式。

（2）项目活动实施过程的设计。项目活动实施过程的设计主要涉及活动的对象（主要包括产品、服务、文献和控制程序等），活动实施的步骤、技术、所需要的资源（如工具、器材、设备和材料等），所要达到的工作要求（如企业标准等）规范的操作方法和注意事项，项目活动实施过程的设计要使各个活动按照工作过程展开并且具有逻辑性，尽量不要呈现上课时间、活动场所、学生分工与协作情况以及活动起始时间这些要素，不要将项目任务书中让学生获得的学习结果呈现在活动实施中。

2. 项目教材中知识的设计

项目教材中不仅要有实践操作的内容，还要包括那些支撑活动开展的知识。徐国庆认为，项目教材中的知识主要涉及相关技术实践知识、相关技术理论知识和拓展性知识三方面。

（1）相关技术实践知识的设计。徐国庆认为：技术实践知识包括与技术实践紧密相关的规则性、情境性与判断性三类知识。实践知识的设计要以课程标准为依据，突出实践知识的核心地位，注重引入工作一线使用的材料和知识，具体如图 2-1 所示：

图 2-1 相关技术实践知识的构成

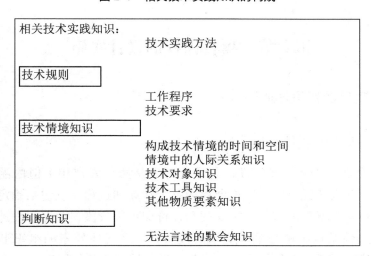

（2）相关技术理论知识的设计。项目活动的过程不是纯粹的机械操作，不仅要知道怎么做，还要知道为什么能这样做和这样做的原理，这些都需要技术理论知识对此进行解释和分析，以使学习者对活动过程和活动中的要素有更深刻的把握。

项目教材中的技术理论知识呈现零碎性。因此，技术理论知识的设计要注重与具体任务紧密相关，要围绕技术实践知识进行选择，让学习者的实践活动更具理性，利于他们对实践活动有更深刻的了解，提升分析和解释活动的能力和迁移能力。

（3）拓展性知识的设计。拓展性知识是对项目化教材中已有的知识在范围和深度上进行扩展，解决项目教材中知识量不足和学生不同的学习需要等问题，同时使教材知识更加完整。

项目教材的结构和内容是项目化教材的实质构成。为了使项目教材的实质构成能较好地呈现给学生，让人们更有效地利用项目教材，使它具有较强的技术性和艺术性，还需要对其进行外在形式的设计，如开本设计、封面设计、前言设计、目录设计、版面设计、习题设计、参考文献和附录设计。

第六节　项目课程的设计实施

一、项目课程设计概述

（一）课程设计的内涵

在课程研究领域，课程设计与课程开发是两个紧密相关但内涵不尽相同的概念。课程开发决定、改进课程的整个活动和过程，它包括确定课程目标、选择和组织课程内容、实施课程和评价课程等阶段，而课程设计指的是课程的实质性结构、课程基本要素的性质，以及这些要素的组织形式或安排，这些基本要素一般包括目标、内容、学习活动及评价程序。

课程设计是一个综合性、系统性的动态优化过程，它涉及两个层次：从宏观上看，课程设计就是课程体系设计，即专业课程体系的设计，包括课程整体结构和具体结构。课程整体结构即课程方案的设计，课程具体结构即课程标准和课程教材的设计。从微观上看，课程体系也就是课程教学目标与内容等的设计，需要具体分析一门课程的知识点和能力点在整个专业知识结构和能力结构中的地位和作用，由此决定课程教学内容和实践技能。其设计的原则是以职业活动为导向，以素质为基础，以职业能力为目标，以学生为主体，以项目为载体，以实训为手段，实现知识与技能、理论与实践一体化培养。

（二）职业教育基于工作过程的课程设计方法

基于工作过程的课程设计方法是当前我国高等职业教育界推崇的课程开发方法，是高等职业教育示范性院校建设课程改革所运用的工具之一。此课程设计方法主要包括三个基本步骤：第一步，典型工作任务分析，通过"实践专家访谈会"确定某个职业的典型工作任务，按照能力发展和职业成长规律确定典型工作任务的难度等级和顺序，并对其进行分析描述。第二步，课程体系设计。在对典型工作任务分析的基础上设计课程，针对每一个典型工作任务，准确确定和描述所对应的课程，给出学习目标、内容和基准学时要求，并将课程按照学生的职业成长规律和教学规律进行时间上的排列，得出专业的课程计划，完成专业课程体系设计。第三步，开发编制课程教学大纲

（或课程标准）及相关课程文件与资源。对整个专业的每门课程进行开发，包括确定课程目标、选择课程内容、序化课程内容、设计教学方案、确定考核方案和建设课程资源等。

（三）确立切合产业和学生发展需要的课程目标

课程目标就是预期的课程结果，即期望学生学习某门课程后在知识、技能、态度和经验方面所要达到的状态。确定课程目标是高职专业课程设计的首要内容，其不但有助于明确课程与人才培养目标的衔接关系，从而明确课程设计的工作方向，而且有助于课程内容的选择与组织，并可作为课程实施的依据和课程评价的准则。当然，课程目标能否真正成为课程设计后续工作的依据和方向，能否在整个课程活动中起核心指导作用，还在很大程度上取决于课程目标本身的科学性和可操作性。对于高职专业课程来说，其目标的确定应同时切合产业学生发展的需要。

一方面，以职业岗位需求为依据。一门课程究竟要实现哪些职业能力目标，必须以专业相应职业岗位的实际需求为依据。因此，在进行课程设计之前，应深入相应职业岗位，考察其职业活动，结合区域经济需求，认真做好职业岗位需求的分析论证。同时，对职业活动的实地考察不能一劳永逸，必须定期跟踪职业岗位需求变化发展的情况，并及时在课程目标中予以反馈。另一方面，关注学生的需要。学生是课程的最终受益者和检验者，因此确定课程目标时要关注学习者的需要，采用各种方式充分了解学生情况，包括学生的基础、先续课学习及掌握情况、知识经验、发展需要等，根据学生实际情况确定课程目标，做到因材施教，按需定目标。

以浙江工商职业技术学院投资与理财专业的证券交易服务课程为例，该专业毕业生在地方证券领域的主要工作岗位是证券营业部的客户开发经理、客户服务经理、投资咨询主管等，而证券交易服务任务是上述岗位共同的、主要的日常工作之一，投资与理财专业毕业生要想从事上述岗位并较好地完成证券交易服务任务，需要具备较强的证券交易服务能力并拥有证券从业资格。因此，上述岗位的证券交易服务工作任务成为该课程设置的依据，"证券交易服务"的课程名称也由此而确定。同时，考虑到学生进入上述岗位和职业发展的需要，该课程以培养合格证券从业者（证券交易服务能力较强，拥有证券从业资格证书），服务地方证券业发展为课程目标。

此外，为了增强课程目标对教学活动的指导作用，还应对课程目标进行具体的、详细的分解与界定，既要有定量的目标，又要有定性的目标，即强调课程目标的可测性。对于高职专业课程来说，在表达具体的课程目标时，除了使用常见的了解、熟悉，理解之类字眼外，还应尽量使用"能""会"等字眼，以明确表明学生在学完课程之后能做什么、会做什么，以及能做到什么程度、会做到什么程度。

二、基于工作任务、职业考证需要选择课程教学内容

切合产业和学生发展需要的目标决定了高职课程应基于工作任务、职业考证的需要来选教学内容。具体来看，有以下三个基本原则：

（一）以职业能力要求为核心

课程内容要突出岗位核心能力，根据行业企业发展需要和完成职业岗位实际工作任务所需要的知识、能力、素质要求，同时参照国家职业标准或行业标准，构建以职业能力要求为中心，以实际应用的经验和策略等过程性知识为主，以适度够用的概念和原理等陈述性知识为辅的内容体系，主要解决"怎样做""怎样做更好"的问题，同时兼顾学生职业资格考证的要求。

（二）以工作任务为基本参照点

先通过对实际工作的分析获得工作化的"学习任务"，然后通过组建工作任务或项目（行动化的学习项目）将工作化的学习任务转化为课程的学习项目，最后分析每个学习项目的具体学习内容（学习任务）。所有内容的安排都要围绕学习任务的完成来展开，其中工作任务分析的参照点要有典型零件、产品或服务，生产产品或提供服务的手段（如工具、设备的使用），典型操作过程，典型岗位，等等。

（三）以学生发展为根本

选择课程内容的"项目"或"任务"时，应充分考虑学生的个性发展，为学生预留自主选择空间，兼顾学生的职业发展，为学生的可持续发展奠定良好的基础。

同样以证券交易服务课程为例，该课程团队以培养学生证券交易服务能力和获得证券从业资格证书为出发点，以广发证券宁波营业部、民族证券宁波营业部、金通证券宁波余姚营业部等地方证券经营机构客户开发经理、客

户服务经理、投资咨询主管等岗位的证券交易服务工作任务为依据，将证券交易服务工作任务分解成6个相对独立的工作任务，每个相对独立的工作任务设计一个或多个项目，分析、提炼和整合完成这些任务所需的知识、技能与素质，融入证券从业资格考试《证券市场基础知识》《证券交易》科目的知识、技能与素质要求，形成了基于证券交易服务工作任务、证券从业资格考证需要的课程内容体系。

三、推进以"做中学"为基本特征的行动导向教学

（一）行动导向教学的内涵

项目活动是项目课程的主要教学（学习）方式，很好地体现了行动导向教学"为了真实情境中的行动而学习""通过学习情境中的行动来学习"的教学理念，能有效地协同培养学生的专业能力、方法能力（主要是学习能力和工作能力）和社会能力（主要是共处能力和合作能力）。行动导向教学一般分为六个步骤，分别是资讯、计划、决策、实施、检查和评估。在行动导向教学的过程中，学生是负责任的学习主体，"做中学"是其主要学习方式，教师是"学习设计者""任务辅导者""过程监控者"和"结果评价者"，"做中教"是其主要教学方式。

（二）六步教学法的实施步骤

行动导向教学法实施包括资讯、计划、决策、实施、检查和评估，因此也被称为六步教学法。在这六个教学步骤中，每个步骤都有教学目标要求、能力培养要求、工作方法要求和完成时间要求。在行动教学中，教师可以将一个项目分成若干个任务，每个任务可以作为一个教学小单元，每个教学小单元都按照这六个步骤展开教学。具体如下：

（1）资讯：教师布置任务，帮助学生理解学习性工作任务的要求、组成部分以及各部分之间的关联。

（2）计划：学生一般以小组方式工作，寻找与任务相关的信息，对整个工作过程进行设计，确定具体工作步骤并形成工作计划，明确检查、评价工作成果的标准。

（3）决策：学生上交工作计划和评价标准，师生共同找出所设计方案的缺陷以明确其知识欠缺，并通过教学或附加学习项目进行补充。

（4）实施：学生根据计划独立开展工作活动，完成设计和模拟，做好有

关文字记录，而教师只是在发现错误时才为学生提供适当的指导和帮助。

（5）检查：在工作任务完成后，学生依据评价标准自行检查工作成果，并逐项填写检查单。

（6）评估：任务结束后，学生先自我评价所承担任务的过程和结果，然后与教师一起讨论评价结果，最后提出不足及其改进建议。

（三）行动导向教学设计的基本原则

行动导向教学为高职专业课程的教学设计提供了一个总体思想和参考模式。在进行具体的教学设计时，应注意以下三个基本原则。

1.项目导向或任务驱动原则

高职专业课程的目标是培养学生的职业能力，而职业能力是生成的，即学生在"做中学"的过程中自我建构的。因此，对于高职专业课程教学来说，应在充分考虑实际工作任务和学生学习成长规律的基础上，将教学内容设计成学生可以在学习中完成的项目或任务，让学生在做的过程中习得知识、训练技能、培养态度和积累经验，从而逐步形成能胜任实际工作任务的职业能力。由于高职专业课程的主要内容来源于工作任务，高职专业教师做到这一点并不困难，因此高职学生学习专业课程的过程也就是其完成项目或任务的过程，即项目导向或任务驱动。

2.合作学习原则

职业能力由专业能力（与某项具体工作任务直接关联的职业能力）和关键能力（也称核心能力，是工作中必须用到的与具体工作任务不直接相关联的职业能力）组成，关键能力还可以继续细分为方法能力（主要是学习能力和工作能力）和社会能力（主要是共处能力和合作能力）。高职专业课程的内容主要是与某一职业岗位工作任务具体相关的知识或技能，是专业能力的范畴。在这种情况下，如何才能培养学生的关键能力呢？现代职业教育的理论与实践表明，合作学习是一条有效途径。合作学习要求学生以小组为单位完成实训任务，且小组构建灵活多样而非固定（有利于培养学生的适应与协作能力）。比如，在拓展小组教学法中，可以先两人一组、再四人一组、最后六人一组，通过自学、研讨、组内汇报交流等方式逐步达到学习目标。在这样一种合作学习的过程中，学生的关键能力得以和专业能力协同培养。

3.学习成果可示化原则

职业教育课程教学要求学生完成学习后能获得有形的、有价值的学习成果，对教师来说可评判教学（学习）成效，对学生来说能获得满足感和成就感，同时对激发学生学习兴趣至关重要。一般认为，相对于财经类课程而言，工科类课程学习成果的可示化更容易做到。但这并不意味着财经类课程得不到有形的、有价值的学习成果。以证券交易服务课程为例，该课程灵活采用奖状、奖品、PPT、调研报告、分析报告、实训报告、感受感想（1～2个关键词，以纸片形式贴在白板上）等形式，将学生的项目学习成果化，有效地调动了学生的学习兴趣。此外，该课程要求学生将项目学习成果以某种方式展示（表达）出来，如现场操作（演示）、PPT汇报交流、将学习成果张贴在实训室、学习成果分享会等，其实质是让学生将"吃"进去的知识与技能再"吐"出来，这有助于学生巩固、内化、提升和自我建构。实践证明，学习成果可示化在激发学生学习兴趣的同时，能协同培养学生的专业、方法和社会能力。

四、实施包括企业评价与学生自评因素的"三结合"教学评价改革

高职专业课程的目标是培养学生的职业能力（有的还包括帮助学生获得职业资格），其教学内容源于企业工作任务，理应用行业企业标准作为学生学习成绩的评价标准。但目前受制于教育区别于产业的独特属性、校企合作的深度与广度不足、非企业化学习环境的主导地位、教师企业经历匮乏等因素，高职院校难以完全套用企业标准作为学生成绩的评价标准。

以"做中学"为主要特征的教学方法使教师的主导地位与学生的主体地位得到了更好的体现。教师作为教学的设计、组织、指导、监控和评价者，其评价主体地位不容动摇。学生则在教师指导下通过"做中学"来训练、培养职业能力，也就是说，课程目标的实现主要是学生"生"而非教师"教"的结果。可见，学生的意愿、态度和精力投入大小直接影响和决定着其学习结果。因此，学生也应成为教学评价的主体。这既有利于调动学生学习的积极性，又有利于培养学生学习的责任感，顺利引导其成为一个对自身学习和成长高度负责的学习主体。

综合来看，高职专业课程应打破以考试为主的终结性评价模式，引入企业评价（引导学生学习实用知识与技能）和学生自评因素（培养学生学习的责任感），在教学评价中实现"三结合"，即形成性评价与终结性评价相结

合、专任教师评价与兼职教师评价相结合、学生自评与教师评价相结合。

学生学习成绩由形成性评价成绩（60%）和终结性评价成绩（40%）共同构成，形成性评价关注考勤、项目完成质量等6个评价点，终结性评价则包括期末理论和操作考核2个评价点。在评价学生荐股竞赛、模拟炒股和期末操作考核（均设学生答辩环节）成绩时，可邀请来自证券营业部的兼职教师与专任教师共同评价，兼职教师的点评与评价更是向学生传递了证券营业部对客户服务人才的具体要求，能够有效引导学生的学习方向。每个项目都设计有《学生自评表》，学生完成项目学习后，就本人是否达到能力目标（按专业、方法和社会能力的不同类别细分为具体条目）进行自评，其自评结果是教师评价的重要依据。这种做法既能帮助学生复习和巩固，又能帮助学生发现学习的不足，还能帮助教师了解和把握教学成效，可谓一举三得。

第七节　专业人才培养方案的设计实施

专业人才培养方案是人才培养工作的总体设计和实施蓝图，是人才培养目标和规格要求的具体体现，也是安排教学内容和组织教学活动的基本依据，因而在专业人才培养工作中处于顶层设计的重要地位。高职院校人才培养方案的设计与实施直接涉及高职院校内涵建设中核心工作——专业建设，而这也是高职院校人才培养模式改革的出发点和落脚点。可以说，人才培养方案的设计与实施既是高职院校所有改革与建设工作的总纲，又是专业建设能否取得实效的基础性工作和根本保证。

一、构建专业人才培养方案的基本原则

人才培养工作的首要条件是根据自身的办学定位和办学特色来确定关于制定专业人才培养方案的原则，并对构建专业人才培养方案提出总体要求。

结合近年来我国高等职业教育发展实际，构建专业人才培养方案应遵循以下七条原则：

（一）遵循国家对高职教育的相关政策

高职院校必须全面贯彻国家的教育方针和面向现代化、面向世界、面向未来的指导思想，在教育部《关于加强高职高专教育人才培养工作的意见》

和《关于全面提高高等职业教育教学质量的若干意见》等文件精神的指导下，根据国家、地方和社会用人部门对人才的要求和毕业生就业岗位（群）来设定培养目标，同时根据岗位（群）所承担的工作任务来确定人才培养规格。

（二）主动适应地方经济社会发展需要

制定人才培养方案要广泛开展社会调查，注重分析和研究经济建设与社会发展中出现的新情况、新特点，特别要关注区域产业转型升级和本专业领域技术的发展趋势，努力使人才培养方案具有鲜明的时代特点。同时，要遵循教育教学规律，妥善处理好社会需求与教学工作的关系，处理好社会需求的多样性、多变性与教学工作相对稳定性的关系。

（三）坚持德、智、体、美、劳全面发展

制定人才培养方案必须全面贯彻国家的教育方针，正确处理好德育与智育、理论与实践的关系，正确处理好传授知识、培养能力、提高素质三者之间的关系，注重全面提高学生的综合素质，实现教学工作的整体优化，切实保证培养目标的实现。

（四）突出应用性和针对性

专业人才培养方案要以适应社会需求为目标，以培养技术应用能力为主线。基础理论教学要以应用为目的，以必需、够用为度，以讲清概念、强化应用为教学重点；专业课教学要加强针对性和实用性，并且从岗位的典型工作任务和工作过程、技术发展、学生认知规律、教学资源和教学成本等方面出发，帮助学生形成较合理的能力、知识与素质结构。同时，着力培养学生的核心能力，使学生具备一定的可持续发展能力。

（五）加强实践能力和创新创业能力培养

制定人才培养方案要做到理论与实践、知识传授与能力培养相结合，对学生能力的培养要贯穿人才培养的全过程。要重视学生校内学习与实际工作的一致性，注重校内考核与企业实践考核相结合。要加强实践教学环节，增加生产性实训、实习的时间和内容，尽量减少演示性和验证性实验，探索开设设计性实验、探究性实验和综合性实验及理论教学与实践教学的一体化。实验、实训课程可单独设置，以使学生掌握从事专业领域实际工作的基本能力和基本技能。

（六）贯彻校企合作、工学结合思想

校企合作、工学结合是培养高技能人才的基本途径。应用型院校专业人才培养方案的构建和实施应主动争取行业、企业参与，充分利用社会资源，有条件的院校还应与行业企业、科研院所、社区等共同制定人才培养方案，积极推行订单培养、顶岗实习，探索工学交替、任务驱动、项目导向等有利于增强学生能力的教学模式。人才培养方案中的各个教学环节既要符合教学规律，又要根据企业的实际工作特点妥善安排，体现教学过程的开放性和职业性。

（七）从实际出发，办出特色

应从实际情况出发，自主制定本校人才培养方案，积极探索多样化、个性化的人才培养模式，努力办出学校特色。即使是在同一学校的同一专业，也可根据生源情况的不同以及订单培养等就业方向的不同而制定不同的人才培养方案，或在执行同一人才培养方案中设置不同专业方向模式和选修课，给学生以更大的选择性。

二、专业人才培养方案的主要内容

专业人才培养方案应当包括专业的具体培养目标，人才培养规格要求和知识、能力、素质结构，修业年限，课程设置及时间分配，教学进程表，必要的说明六方面内容。

不同的院校和专业一般会结合办学实际加以扩充。例如，浙江工商职业技术学院要求各专业的人才培养方案应有专业名称、招生对象、学制、培养目标、培养规格、核心课程简介、毕业条件、附件（学时学分分配表、学期周数分配表、教学进程安排表、技术（能）考核和职业资格考证时间安排表、创新创业活动学分安排表、课程结构图、人才培养方案）等。主要内容和基本格式如图2-2所示：

图 2-2　某专业人才培养方案

一、专业名称

二、招生对象

三、学制

四、培养目标

　　本专业面向××××，培养××××××××××××××××××××××××高技能人才（或高素质技能型人才）。

五、培养规格

　　本专业培养的学生应××××××××××××××××××××××。具体来看，本专业培养的学生应具备以下知识、技能和素质：

　　（一）知识要求

　　（二）技能要求

　　（三）素质要求

六、核心课程

　　（一）核心课程一览表

　　（二）核心课程简介（每门课程字数不超过 200 个）

七、毕业条件

　　（一）课程与学分

　　（二）公共技术（技能）证书和职业资格证书

八、附件

　　（一）学时学分分配表

　　（二）学期周数分配表

　　（三）教学进程安排表

　　（四）技术（能）考核和职业资格考证时间安排表

　　（五）创新创业活动学分安排表

　　（六）课程结构图

　　（七）人才培养方案的必要说明

　　1. 专业就业岗位与工作任务分析。

　　2. 实训（实验）场地、实训（实验）的组织、教师配备及考核要求。

　　3. 专业教学改革思路及工学结合措施。

　　4. 创新创业活动学分实施方案

三、专业人才培养方案的核心要素

　　尽管高职院校专业人才培养方案的内容有多个方面，但其中的核心要素只有三个：一是基于人才需求分析，确定专业培养目标，即培养什么样的人；二是基于工作过程导向，重构课程体系，即培养人什么；三是基于学生认知规律，选择培养途径，即怎样培养人。

（一）确定人才培养目标

人才培养方案的设计与制定最先要解决的是人才培养目标问题，这也是人才培养需要解决的基础性问题。2016 年，教育部《关于全面提高高等职业教育教学质量的若干意见》明确了高职的人才培养目标是"培养面生产、建设、服务和管理第一线需要的高技能人才"。目前，这一定位已经得到了广泛的认可和执行。具体而言，高职教育在人才培养目标上应满足以下三方面要求：第一，培养学生的专业技术技能与职业素养，帮助学生就业谋生；第二，培养学生的方法能力（主要是学习能力和工作能力）和社会能力（主要是共处能力和合作能力），支撑学生职业生涯的可持续发展；第三，培养学生的道德品德、价值判断力、文化素质和个人修养等，为学生的家庭生活和事业发展打下坚实基础。

（二）构建课程体系

课程体系是实现专业人才培养目标所需的各类课程及其排列组合关系，确定课程体系结构是构建专业人才培养方案的框架性问题。以职业能力培养为主线，专业课程体系结构模式要理清专业技术教育、素质教育等各类课程的关联性，保证职业能力的培养。依据职业能力的构成特点，高等职业教育应以公共文化课程为基础，以专业技术课程为核心，以实训实践课程为特色，形成专业课程体系。

上述三类课程应以学分制管理为基础，课程开设可相互独立，职业能力和职业素质培养的教学内容相互衔接、相互渗透，并可根据课程教学目标和学生个性特点等进行学分互换，在达到专业培养目标的基础上，较好地满足学生的个性发展。考虑课程设置与教学内容时，要注重素质教育的显性与隐性相结合，在合理安排人文素质、科学素养和职业素质培养等显性课程的同时，必须重视通过专业技术课程来隐性地进行团队合作、敬业精神等职业素质的培养。

（三）选择培养途径

专业人才培养在选择培养途径时要充分考虑学生的个性特点与学习兴趣，用传统的、以在教室内讲授为主的培养途径来培养高职学生显然是不合时宜的。从当前高职人才培养实践看，高职院校应在培养途径上实现三个结合，即校内外结合、学期内外结合、课内外结合，这样既能有效激发高职学生的学习兴趣，又非常符合高职学生的学习需求，有利于提高人才的培养质量。校内外结合、学期内外结合、课内外结合要在培养方案中有具体体现和明确安排，如实习实训项目、课程设置、创新创业活动安排等，要有学分要求和具体的考核要求。具体包括：第一，课内外结合。通过在人才培养方案中的合理设计与安排使学生在课外的学习成为其课内学习的延伸与补充，教师要统筹安排好学生的课内和课外学习内容（任务），做到让学生带着问题和任务出课堂，围绕问题和任务开展课外学习与实践，从而实现第一课堂与第二课堂的有效互动。因此，要围绕专业人才培养的目标和促进第一课堂的学习来设计和安排第二课堂活动。第二，学期内外结合。要打破现有的学期界限，将学期内教学安排延伸到假期，将学期与假期的时间统筹安排。第三，校内外结合。除顶岗实习、认知实习外，高职院校专业人才培养方案中应有适当的校外课程和学分的安排，具体课程（尤其是专业核心课程）中也应有校外教学的安排。学生在校外取得的课程学分、科技活动学分、职业资格证书学分与校内学分应被同等对待。

四、构建高职专业人才培养方案的步骤

一般来说，构建高职专业人才培养方案必须经过人才需求分析、职业能力分析和形成专业人才培养方案文稿三个阶段。

（一）人才需求分析

人才需求分析是构建专业人才培养方案的重要依据。以就业为导向的高职教育，首先要分析国内外行业发展状况、区域经济与行业的发展现状，把握宏观层面人才需求的总体态势、区域经济特点，从而厘清人才需求的背景。其次要明确毕业生在企业的岗位。企业的岗位名称及岗位职责取决于产品生产组织方式、生产设备和员工管理方式，因而对调查所得的岗位应按实际承担工作任务相近和具有专业领域典型意义的原则进行归类，并参照国家正式颁布的职业类别及行业专家的意见进行标准化命名，进而得到相应的岗位名称。科学、详尽的专业人才需求分析将为高职院校的专业人才培养方案制定奠定必要的基础。

（二）职业能力分析

职业能力是从事一门或若干相近职业所必备的本领，从能力所涉及的内容范围看，可分为专业能力、方法能力、社会能力。专业能力是职业业务范

围内的能力，是从业者胜任职业工作、赖以生存的核心本领，主要分为对劳动材料的认识、对工具的认识及使用、工作方式方法三个层面。方法能力、社会能力是跨职业的能力，也是素质的主要表现。方法能力是基本发展能力，它主要指通过独立学习而获取新知识、技能的能力。社会能力既是基本生存能力，又是基本发展能力，它是从业者在职业活动中，尤其是在一个开放的社会中必须具备的基本素质，即与他人交往、合作、共同生活和工作的能力。

一般通过对就业岗位（群）所需的职业能力的分析、梳理，明确岗位的业务范围、工作任务和素质要求，构建具体的知识、能力、素质结构，形成定位准确、内容具体、具有可操作性的职业能力体系。对于初步形成的职业能力分析，高职院校应再次通过对行业专家、企业领导、人事经理、车间主任、岗位实践专家以及毕业生的走访对每一职业岗位上的具体工作任务进行调查与分析，描绘专业领域中各职业岗位的工作全貌，再通过专业、课程开发专家对具体工作任务进行全面分析与归纳整理，最终提炼出职业岗位能力和专业面向的典型工作任务，从而明确专业人才培养目标和质量标准，为专业人才培养方案的构建提供科学的依据。

（三）以职业能力为主线，构建专业人才培养方案

专业人才培养方案主线是指为培养学生形成高技能人才所需知识、能力、素质结构而设计的发展路线，准确定位人才培养方案主线是科学、合理构建既能达到培养目标又能实现整体优化人才培养方案的首要环节。

一般根据高职院校特定的办学类型、办学层次、人才培养目标、专业布局、教学条件以及学生特点等综合因素来确定专业人才培养方案主线。例如，浙江工商职业技术学院在构建专业人才培养方案时提出的主线是在培养目标上实现技术应用能力与发展能力相结合，在培养计划上实现专业教育与职业素质教育相结合，在培养规格上实现毕业证书与职业资格证书相结合。具体如下：

1. 在培养目标上实现技术应用能力与发展能力相结合

技术应用能力是学生运用所学知识、技能解决实际问题的能力。在培养学生的技术应用能力时，要在学习专业理论、训练专业技能的基础上，注重对其创新意识和能力的培养，实现对学生的专业能力和方法能力、社会能力协同培养。要开展创新创业实践活动，建立创新创业活动平台，开展技能竞

赛，实施特长生培养活动，设立大学生科技创新项目，创新创业孵化项目和科技推广项目，推进首席工人、技术能手带徒弟工程，设立创新实验室，通过多种实践活动，做到理论与实践相结合，培养学生的创新能力。

2. 在培养计划上实现专业教育与职业素质教育相结合

第一，把职业素质教育融入专业教育之中，以方法能力（如学习能力、工作能力、分析和判断能力等）和社会能力（如表达、沟通、团队合作能力等）培养为重点，以职业态度、职业认知为出发点。

第二，课程教学目标中要包括职业素质教育目标，教学内容与教学方法要体现职业素质教育的要求，考核方法中也要包括对学生职业素质的评价内容。

第三，人才培养方案中要安排一个与本专业对应的职业（岗位）的认识环节，如认识实习、生产劳动、参观考察校外的专业实践活动等。

第四，从企业聘请兼职教师承担专业课程教学任务，以一个职业人的行为熏陶和影响学生的职业态度。

3. 在培养规格上实现毕业证书与职业资格证书相结合

第一，毕业条件中必须明确"双证"的要求，如果没有相对应的职业资格（技能）证书，要由专业自行设定标准并安排考核。

第二，将职业资格标准融入课程内容，即单独设置考证课程或将职业资格标准的知识、技能与素质要求安排到相关专业课程中。

第三，要引入行业、企业对能力或技能的评价标准，改变以知识掌握程度为主要考核目标的做法，形成行业、企业标准与学校标准相结合的，兼顾知识、技能与素质的考核方式。

第三章 项目课程研究与实践

第一节 项目化课程体系课题研究

一、研究背景

（一）现代企业对高技能人才的素质要求不断提高

随着我国经济的持续发展和产业结构的升级换代，高新技术不断地被运用于现代企业的生产过程中，我国企业对高技能人才的需求比例不断扩大，而目前我国人力资源结构呈现出本科生、研究生比例和基础操作层工人比例过大，中间层即高技能人才严重短缺，已成为制约我国经济进一步发展的一大瓶颈。

目前，我国技术技能型人才的主要从业岗位是工厂技术员、工艺员、作业长、工段长、技术班组长、领班等关键技术岗位。这类人才要有一定的专业知识面，要能组织工程的实施，能把设计转化成产品，不仅要懂技术，还要懂管理、会沟通，更要能综合应用各种知识现场解决生产实际问题，能维护和改良生产设备、生产过程、加工方法和加工程序，要有创造力，能独立完成或组织团队或协同团队完成一定的项目，并能在岗位上继续学习知识。更为重要的是，这些人才要具有创新能力。创新是综合性的，涉及的不单纯是技术问题、理论问题，也不单纯是哪个领域、哪个专业的问题，而是综合性问题。这要求高技能人才不仅要有较强的操作技能，还要一定的沟通能力、学习能力、评价能力、对相关知识的认知能力以及批判性思维、开拓性思维等。

（二）学校教育人才培养与社会需求存在差距

人才培养目标是"高素质高技能人才"。从企业对高技能人才素质需求看，这些人才不仅要具有较强的专业能力，还要具有较强的方法能力和社会能力。

专业能力是指有目的地按照专业要求和一定方法独立完成任务和解决问题并评价结果的能力。专业能力是人胜任工作与生产的基本能力，强调专业的特殊性和应用性。专业能力包括单项技能（如专业外语、专业计算、制图与识图等）和综合技能（如制作工件、保养机床、商品促销，经营管理等）。

方法能力是指运用工作方法和学习方法的能力。主要包括收集信息、查找资料、制订工作计划、解决问题的思路、独立学习新技术的方法、评估工作结果的方式等。例如，做一复杂工件涉及的设计工艺、选择材料、操作设备和制定标准等都属于方法能力。方法能力是基本发展能力，它是劳动者在职业生涯中不断获取新技能与新知识的手段。

社会能力是指处理社会关系，理解社会奉献与冲突，以及与他人负责任地相处和相互理解的能力。主要包括人际交流、公共关系、组织与管理能力，以及社会责任感与集体团结意识，强调积极的人生态度与社会参与意识。社会能力不是教师灌输给学生的，而是学生在实践和反思中逐渐养成的。

从职业教育实践看，现行的人才培养与社会需求之间还存在一定差距，主要表现为人才培养过于注重知识、注重专业、注重技术，缺少对学生方法能力和社会能力的培养。职业世界和生产技术发展迅速，职业岗位不断变迁，新知识和新技术不断取代旧知识和旧技术，这意味着劳动者只有具备适应工作的基本素质和跨专业的综合能力及职业创造能力，才能适应新的职业世界。

适应工作的基本素质和跨专业的综合能力及职业创造能力的基础是方法能力和社会能力。从人才培养现实看，专业能力、方法能力和社会能力的培养是相伴生的，不能割裂，实践性较强的专业迫切需要寻找一种新的模式或载体，从而将三种能力培养统整起来。

（三）构建新的课程体系是解决人才培养问题的关键

应用型教育是高等教育的重要组成部分，是教育发展中的一种类型。作为高技能人才先期培养和持续提高的基础，要努力培养大批为现代化建设服务的高素质技能型专门人才，就必须构建具有自身类型特点的课程体系和实施模式，课程体系改革恰恰是解决高职人才培养偏差问题的突破口。

但从现实看，应用型院校多年来一直沿用普通高等教育的学科式课程体系模式，实行专业理论知识传授和操作技能训练双线并行，课堂、校内实训、校外基地三点一线，这种模式的特征是理论与实践分割开来，知识、技能学习分散，导致人才培养质量不高，人才到岗位后适应性不强。

通过对人才培养目标和现行课程体系的反思，实践者逐渐认识到应用型学科性课程体系和高职培养目标之间的矛盾是造成人才培养与社会需求存在较大偏差的根源，因此对现有高职课程模式的批判越来越强烈，逐渐开始改造"三段式"课程模式，但效果并不尽如人意。

在调查中发现，一些应用型院校的专业课程体系改革特征并不明显，既难将其归入某种特定的模式，又无法归纳自身的特色；一部分专业的课程体系还没有脱离传统的以"三段式"为代表的学科系统化课程体系模式，课程内容偏重知识的内在逻辑，忽视知识与工作具体情境的联系，并不能实现培养学生综合职业能力的目标。虽然有许多教师包括课程负责人也认识到，以"三段式"为代表的学科化的课程体系模式已完全不适应当前高职教育的需要，但是高职课程体系新的设计模式和路径的寻找面临诸多困难。

当前，人才培养问题的症结是学校把大量时间放在学生基础学习和操作技能的简单训练上，培养的是机械手，即服从型的可替代的、低端的劳动技术工人，缺乏智能训练。从现代企业对高技能人才的要求出发，学校人才培养的重点应放在对学生综合能力的开发上，以培养学生完成实际工作任务的能力为目标。在教学进程的设计上，改变以往"理论—实践"为"实践—问题—理论"，使学生知其然并知其所以然，整合理论与实践，加强课程内容与工作之间的相关性，提高学生职业能力培养的效益。

按照"完整行动"原理，完成某一工作任务要有六个基本步骤，即收集信息—计划—决策—实施—控制—评估，有时也可以压缩为计划—实施—评估三个步骤。其中，"信息""计划"是方法能力，也是基本能力；"决策"是现代企业生产和服务活动对技术人员的新要求；"实施"是培养人的专业能力；"控制（检查）"是保证得出期望的结果；"评估"是反思、找问题，并提出解决问题的方案，是一项社会能力。传统的教学方式只注重"实施"，即由教师做计划、进行评估，学生只能在教师的设计下进行工作。缺少计划和检查评估这些关键环节，学生无法掌握做事的手段。这种方式培养的学生只是让干什么就干什么，只能在别人布置好一切后进行工作，是最基本的劳动工人，是服从型、操作型的，而不是创造型的。一旦接受创造性工作任务，他们便不知道如何布置日常工作，如何科学制订工作计划和实施方案，不清楚应制定什么样的评价标准，而这种计划和评估能力恰恰是形成创新能力的基础。要培养学生系统工作和处理问题的能力，就必须重视"完整行动"这一系统化过程中的每一个阶段。为此，我们提倡构建项目化、以工作过程为导向的课程体系。

构建项目化课程体系的核心内涵是把专业基础课和专业课程的教学内容设计成一个个具体的工作项目，并根据项目的组织原则实施教学与考核。若干个项目课程组成课程模块，进而有机地构成与职业岗位实际业务密切对接的课程体系——项目化课程体系。在项目课程学习中，学生以项目组（团队）的形式自主完成完整的工作过程，并获得综合职业知识和职业能力。

项目化课程体系旨在呈现整体性工作任务，让学生尝试自己解决问题，在解决问题的过程中学习所需的知识和技能，并运用所获得的理论知识和技能来完成工作任务，形成在复杂的工作情境中做出判断并采取行动的能力。

要完成工作任务，最好的管理办法是采取项目管理的方式，由项目团队运用知识、技能、工具和技术来实现项目要求。项目化管理的优势是能在确保时间、技术、经费和性能指标的条件下，尽可能高效地完成任务，实现预定目标。项目化管理主张从具体任务出发，把设想或战略转化为实在的产品或服务。

二、研究意义

一是加快构建现代职业教育体系。职业教育是培养技术技能人才、促进就业创业创新、推动中国制造和服务上水平的重要基础。

近年来，各地区各相关部门认真贯彻党中央、国务院决策部署，推动职业教育发展取得显著成绩。坚持以习近平新时代中国特色社会主义思想为指导，着眼服务国家现代化建设、推动高质量发展，着力推进改革创新，借鉴先进经验，努力建设高水平、高层次的技术技能人才培养体系。要瞄准技术变革和产业优化升级的方向，推进产教融合、校企合作，吸引更多青年的接受职业技能教育，促进教育链、人才链与产业链、创新链的有效衔接。加强职业学校师资队伍和办学条件建设，优化完善教材和教学方式，探索中国特色学徒制，注重学生工匠精神和精益求精习惯的养成，努力培养数以亿计的高素质技术技能人才，为全面建设社会主义现代化国家提供坚实的基础。

二是重新认识职业教育课程改革中的问题。职业教育快速发展过程中的主要矛盾是人才培养质量与社会需求之间的系统性偏差和结构性矛盾，产生这一矛盾的主要根源是课程体系问题，从更深层次看是工作体系与课程体系不协调造成的。课程体系的建设与改革是提高教学质量的核心，也是教学改革的重点和难点。课程体系改革并不是设置几门课程的问题，还涉及师资调整、配套环境与制度建设、人才培养模式改革、教学模式改革等一系列变革，这些变革在现实中会遇到哪些问题，这些都需要深入剖析和审慎对待，否则就难以真正解决问题。

三是探索职业教育项目化课程体系模式的理论体系。项目化课程体系是课程理论的创新因子，是构建中国特色职业教育课程理论框架的重要元素。项目化课程体系改变了以知识为基础设计课程的传统，换之以工作任务为中心来组织知识和专业课程内容，以职业岗位及岗位能力分析为基础来设计课程；以职业生涯为目标，为学生的终身职业发展做好准备；以项目为载体，在职业情境中培养学生的实践智慧和能力；以工作结构为框架，体现职业教育的实践性特色；以工作实践为起点，把知识与技能的学习相融合，激发学生的学习兴趣，提升学生的职业能力水平，进而提高就业层次和就业质量。

四是深化对职业教育本质的认识。本质是指事物固有的决定事物的性质面貌和发展的根本属性，是一个事物与另一个事物的根本区别。我国学者从不同角度对高等职业教育本质属性做出不同的界定，既有实践性、社会性、职业性之说，又有高技能性、技术性之论。

项目化课程体系作为一种新的高职教育课程体系，在把握职业教育本质内涵、体现职业教育特色和符合国情等方面代表了中国高等职业教育课程体系改革的发展方向。这是由职业教育的性质所决定的，它符合职业教育的规律，容易激发学生的学习兴趣，培养学生应用专业知识的能力。

虽然我国有些高等院校对项目化课程体系进行了实践探索，但总体上看，其项目化课程体系构建模式还较单一，项目化课程体系研究集中在单一项目课程上，只是在局部取得突破，没有在整体上取得显著成果，对项目化课程体系开发与实施还缺少系统化设计，理论与实践体系还不完善，尚未形成完整的体系，推广还不够深入，因此对高等职业教育培养目标的实现起不到决定性作用。不同的专业人才培养有各自的特点，以一种模式或单一的思路来构建专业课程体系是违背人才培养规律的。

因此，开展本课题的研究与实践有望对完善理论体系和实践体系有所贡献，同时可以在构建完整的项目化课程体系实践操作模式方面积累经验，为其他院校的课程改革提供借鉴。

三、课题研究目标与内容

（一）研究目标

通过本课题的研究，构建完整的应用型院校项目化课程体系理论框架和实践体系，为实践性较强的课程体系改革提供借鉴。具体目标如下：

（1）理清项目化课程体系研究的历史和研究成果，总结研究的思想和思路，形成项目化课程开发的理论。

（2）研究项目化课程开发的方式方法，提出可供借鉴的课程开发的科学方法、合理途径和有效手段。

（3）形成适应工学结合人才培养模式，使其既适用于本校的专业教学又被其他院校所接受。

（二）研究内容

开展项目化课程体系的内涵、外延和开发规律的历史研究；研究项目化课程在高等职业教育中的地位和作用，对国内已经取得的研究成果及实践应用进行比较研究；项目课程体系开发范式，包括课程体系的开发方法、课程体系形成思路、课程标准设计、课程内容组织、项目教材编写、课程活动实施、师资建设、实训条件建设等具体方法和内容，呈现形式为人才培养方案、课程标准、教学活动设计、教学单元设计、项目教材、教学团队标准和教学文件；探究项目化课程开发的科学方法、有效实施途径和模式；研究项目化课程体系实施的保障条件，以深化校企合作为着眼点，依据课程开发和课程实施探索校企合作共建、共管、共评机制；对课题成果进行实践论证，确定研究成果的可行性、普适性及可推广性。

四、课题研究思路与方法

（一）研究思路

遵循历史研究、理论研究与行动研究相结合的研究思路，以行动研究为主。具体做法是以项目化课程体系的构建为载体，结合国家示范校建设项目，选取不同层次、不同类型的实验单位，对项目化课程体系的开发理论、方法、内容和实施进行多方位的研究与实践，按照边研究、边总结、边实践、边推广、边示范的原则，通过"研究—试验—再研究—再试验"，构建并不断完善课程体系，提升理论价值，深入进行实践反思。

（二）研究方法

研究方法主要有文献研究法、访谈法、调查法、比较研究法、行动研究法、经验总结法。

通过文献研究和经验总结，梳理出关于项目化课程体系构建的相关理论。

采取访谈、问卷等方式对社会、劳动力市场、行业企业、高等职业院校毕业生、在校生等从不同角度分专题进行调查研究，为研究提供科学信息和依据。

对兄弟院校项目化课程体系研究的成果进行分析和比较，总结其一般规律，为本研究提供有益的经验和启示。

选择若干专业开展项目化课程体系构建实践，不断调查反馈，边反思边改进；请课程领域专家指导，开展项目化课程开发研究，结合岗位工作特点探索项目选择、设计与组织的方式；研究课程内项目与项目之间的关系，在专业下研究项目课程与项目课程之间的关系。

对高等职业教育项目化课程体系构成要素进行理论研究剖析，提出项目化课程体系构建的原则、基本步骤、基本模式。

对黑龙江东方学院项目化课程体系的设计与实施经验进行总结，形成研究成果，包括各专业典型项目化课程体系、系列教材、教学文件、规章制度、论文等。

第二节　浙江工商职业技术学院市场营销专业项目课程改革实践

案例一：市场营销专业培养方案总体设计

本案例选自浙江工商职业技术学院市场营销专业培养方案总体设计，该院市场营销专业创办于 1980 年，2002 年被立项为教育部教学改革试点专业，2009 年被立项为浙江省示范校重点建设专业，2010 年被评为浙江省特色专业，2012 年被评为浙江省优势专业。

一、市场营销专业人才培养目标的确定

基于浙江（宁波）地方经济和产业发展对营销高技能人才的实际需求，立足本专业发展的基础与优势，考虑与浙江省内兄弟高职院校市场营销专业实现错位发展（如有的侧重医药营销，有的侧重纺织服装营销，有的侧重汽车营销以及农产品营销等），我校市场营销专业紧密围绕浙

江（宁波）优势产业——电子电器行业以及现代商贸流通行业，培养适用对路的营销高技能人才。

基于上述考虑，本专业旨在培养掌握市场营销相关知识，服务中小企业，具备从事销售业务员、销售主管等岗位实际工作的职业能力和综合素质，适应现代商贸业务运行和电子产品市场开发需要的，具有一定创业能力的德、智、体、美、劳全面发展的现代营销高技能人才。

本专业培养的营销高技能人才主要面向浙江（宁波）电子电器行业销售岗位中的销售业务员、销售管理及辅助工作岗位。其中，销售管理岗位包括地区销售经理、部门销售经理、销售主管、客户管理、地区督导等，辅助工作岗位包括销售技术服务、营销内勤人员、档案管理员、公关协调员、市场信息员等。

为达成本专业人才培养目标，在多年的改革与建设基础上，本专业形成了明确的专业建设和发展思路，具体包括：依据本专业毕业生就业岗位群调研分析，选择销售业务员和销售主管为目标岗位，并按"销售业务员→销售主管→销售经理"的岗位发展轨迹进行课程开发和建设；构建并实施以工作过程为导向的课程体系，即以职业能力为目标确定教学内容，注重职业情境中实践智慧的养成；以工作过程为载体设计训练项目，建立工作任务与知识、技能的联系，增强学生的直观体验，激发学生的学习兴趣；在加强学生职业基本素质教育的同时，突出市场意识、心理素质、沟通能力及创业精神等商务软技能的培养，实施"三堂联动"的人才培养方案。

二、市场营销专业课程体系的构建

（一）课程体系架构的思路

本专业课程体系建设过程中以职业能力为目标确定教学内容，以工作过程为载体设计训练项目，以课证融合为途径推进双证制度，课程标准涵盖职业标准，力图使学生在获得学历证书的同时，顺利获得相应的职业资格证书。具有以下特征：

（1）以职业生涯发展为目标。使学生获得更加宽广的职业生涯发展空间，并为其终身职业生涯发展做好准备。彻底改革传统的学科课程体系，给学生提供与以往完全不同的学习体验，尽力改变学生厌学的状况，提升学生发展潜力。

（2）以职业能力为基础。彻底改变以"市场营销学科知识"为基础设计课程的传统，真正以"营销职业能力"为基础设计课程。按照工作的相关性，而不是知识的相关性来确定课程。

（3）以工作过程为主线。按照营销工作过程中活动与知识的关系来设计本专业课程体系，突出工作过程在专业课程体系中的主线地位，按照营销工作过程的需要来选择专业知识，以工作任务为中心整合理论与实践，培养学生关注工作任务完成而不是关注知识掌握的意识和习惯，并为学生提供体验完整营销工作过程的学习机会。

（4）注重工作实践。尽可能早地让学生进入营销工作实践过程，促进他们从学习者到营销工作者的角色转换，形成自我负责的学习态度，并在营销工作实践的基础上建构营销理论知识体系，激发学生的学习兴趣。

（二）课程体系开发的步骤

1. 专业的社会调研

本专业主要采用实地调研法和小组座谈会等调研方法。在实地调研时，专业负责人和骨干教师直接深入企业与被访者接触，当面提问并记录对方的回答；在进行小组座谈会时，通过邀请行业专家和资深专业教师共同召开座谈会进行工作任务与职业能力分析，并积极征求各位专家对专业教学改革的意见和建议，以探索有效的教学改革方法。

本专业在宁波及周边地区广泛调研的基础上明确了毕业生就业的两个目标位，即销售业务员和销售主管。

2. 工作任务与职业能力分析

本专业通过邀请行业企业专家、课程专家等共同组成专家组，以召开"工作任务与职业能力分析现场会"的形式来开展市场营销专业的工作任务分析，通行业企业专家和课程专家等的密切合作进一步明确销售业务员和销售主管的工作岗位主要包含哪些工作项目，以及完成这些项目需要哪些步骤。通过工作任务分析，本专业确定了两个工作岗位的工作逻辑，提炼出了岗位的核心职业能力，并针对岗位核心职业能力设计了相应的训练项目，以训练项目为载体培养学生的知识和技能，从而形成了知识与技能、理论与实践一体化的项目课程。具体内容如表3-1、表3-2所示。

表 3-1　岗位／岗位群：销售代表—S

任务领域	工作任务	职业能力
熟悉企业文化、产品	A. 了解企业文化	1. 熟悉企业使命、愿景、经营理念 2. 能认可企业使命、愿景、经营理念
	B. 企业文化宣导	3. 能向客户宣讲
	C. 熟悉产品	1. 熟知产品型号价格、市场定位、原理、功能、用途 2. 能向客户清楚讲解产品型号、价格、市场定位、原理、功能、用途 3. 了解企业产品的市场占有率
了解市场	A. 了解市场容量	1. 能通过同行、客户等渠道了解所在行业年度整体销量 2. 能把握市场容量的变化趋势 3. 了解市场容量分析的相关专业知识
	B. 了解细分市场	1. 熟悉行业的市场细分标准和各细分市场的特征 2. 熟悉本企业产品的细分市场特征
	C. 了解竞争对手	1 了解竞争对手的市场占有率 2. 了解竞争对手的产品定位、产品信息 3. 能够分析竞争对手的优势、劣势 4. 熟悉目标消费群体的购买力
	D. 客户群定位	1. 知道接触客户的渠道 2. 把握目标消费群体的基本特征（年龄、职业、收入） 3. 熟悉目标消费群体的行为模式
	E. 市场的发展与变化	了解宏观经济对行业发展的影响
制订个人销售计划	A. 明确销售思路	1. 能根据部门计划，确定个人销售目标 2. 能确定目标销售对象和主要渠道
	B. 制定销售实施方案	1. 能制定阶段性的销售目标 2. 能制定销售的步骤 3. 熟悉销售日程管理 4. 能判定销售风险，并向上级主管告知

续　表

任务领域	工作任务	职业能力
客户开发	A. 客户信息收集	1. 能通过各种媒体、网络、他人等渠道了解客户的基本资料 2. 能对客户信息进行筛选
	B. 客户外围调查	1. 能通过各种媒体、网络、他人等渠道了解客户的信息（如资金实力、信誉程度、销售规模） 2. 能对相关客户进行横向比较
	C. 客户拜访	1. 能成功进行预约 2. 能敏锐感知客户喜好，收集相关信息 3. 能控制拜访频率 4. 能与客户进行得体的交流，达到拜访目的
	D. 客户资质审查	1. 能熟练运用办公自动化软件对客户资料进行数据化处理 2. 能对客户发展潜力进行综合判断
产品推广	A. 产品的终端形象布置	1. 能设计适用于产品终端形象的宣传方案 2. 能组织人员实施产品终端形象的活动方案
	B. 产品的卖点推广	1. 能通过同类产品比较，分析产品卖点 2. 能清楚地向客户阐述产品卖点
	C. 客户需求解决	1. 能敏锐地把握客户心态和需求 2. 能使用合适的销售技巧、沟通能力对客户需求进行合理反应
	D. 专业性推广	1. 能够清楚地向客户说明产品功效、使用方法， 2 能熟练进行产品演示

任务领域	工作任务	职业能力
洽谈签订合同	A. 预设标的	1. 能根据产品基本价格制定标的 2. 能了解同行产品的市场定价
	B. 谈判对象分析	1. 能了解客户信息 2. 能确定客户需求的迫切程度 3. 能敏锐洞察对方底线
	C. 谈判事项准备	1. 能与客户商定时间、地点 2. 能准备谈判材料
	D. 合同条件谈判	1. 熟悉谈判技巧和礼仪 2. 能通晓各类支付方式及其风险、各类产品成本 3. 能够做到知己知彼，有理有节，实现公司利益最大化 4. 能说服对方接受对我方有利的价格条款 5. 了解合同及相关法律、法规
	E. 签订合同	1. 能够准确填写格式化合同
	F. 合同管理	1. 能进行合同有效期管理 2. 能依据规定对合同条款进行变更和补充
客户服务与管理	A. 建立客户档案	1. 能熟练运用计算机办公自动化软件，建立客户档案 2. 能进行基本的数据分析 3. 能进行客户档案动态维护
	B. 客户关系维护	1. 能进行定向客户维护，包括特殊节日问候、定期的信息汇报 2. 能进行意向客户维护，包括及时递送公司信息、通过多次拜访沟通加深与客户之间的感情和了解，增加和客户的信任度 3. 能进行合作客户维护，包括节假日组织客户出游
	C. 定期上门（电话）回访	1. 具备良好的服务和营销意识 2. 掌握接听和拨打电话礼仪 3. 能熟练运用客服语言，遵循服务规范
	D. 受理客户咨询．投诉	1. 能熟练运用客服语言，与客户进行良好沟通 2. 熟悉公司内部业务处理流程
	E. 产品维护与保养	能熟悉产品性能，提供上门指导
	F. 货款结算	1. 熟悉各类票据结算要求 2. 熟悉企业财务要求，协助客户进行货款结算 3. 按时结算货款

任务领域	工作任务	职业能力
信息反馈	A. 客户满意度调查	1. 能运用客服化语言，根据设定的调查目标在销售完成后及时完成调查 2. 能进行基本的数据统计分析
	B. 产品使用调查	1. 能运用客服化语言，根据设定的调查目标在产品使用一段时间后，对客户回访 2. 能进行基本的数据统计分析
	C. 回访	1. 能根据企业回访流程实施回访 2. 能在客户回访中及时了解客户需求 3. 能进行基本的数据统计分析 4. 掌握拨打电话的服务礼仪
	D. 了解同行业竞争信息	1. 能在销售沟通中及时捕捉客户对同行业竞争信息的反应 2. 能通过多渠道了解同行竞争信息
	E. 反馈信息	1. 能及时向上级反馈重要信息 2. 能根据反馈信息提出合理化建议
销售分析	A. 个人销售业绩分析	1. 能进行销售记录统计 2. 能对销售记录进行归类，总结经验和教训并分析原因
	B. 客户销售动态分析	1. 能熟练应用办公自动化软件整理客户群资料 2. 能对销售记录进行归类分析
	C. 制定新的销售思路	1. 能制定新的销售思路 2. 能制定新客户开发方案
内部沟通	A. 部门协调	1. 能够进行公司内部各部门协调 2. 能够开展与业务相关单位的协调 3. 及时传递公司有关信息，及时、正确反馈客户的意见和建议
	B. 向上汇报	1. 能向销售主管提出客户管理、发展的建议 2. 能向销售主管回馈区域市场信息状况，协助主管制定地区销售策略 3. 能完成销售主管指派的行政工作

表 3-2　岗位／岗位群：销售主管岗位

任务领域	工作任务	职业能力
企业形象的建立和维护	A. 企业产品宣传	1. 能根据市场调研情况结合该城市的地方特色、渠道特色、网点特色及市场实际需要，策划、制订、执行相应的市场推广计划 2. 能根据市场部的要求，协助市场部组织实施本地区的广告、宣传促销工作 3. 能进行企业、产品形象推广 4. 能监控、评估公司在媒体上的投放效果 5. 能挖掘各种当地宣传资源，讲究宣传综合效果 6. 熟知产品型号、价格、市场定位、原理、功能、用途
	B. 售后服务	1. 能督促客户按先进先出的原则，保持合理库存和欠款 2. 能充分调动、运用各种社会资源，能及时避免或消除各种不良影响（如投诉、不实报道等）
制订销售计划	A. 销售预测	1. 能掌握销售预测指导原则 2. 能知道销售预测的程序 3. 能掌握销售预测的方法
	B. 制定销售计划和政策	1. 能公平制定区域内各销售代表的销售指标，并指导销售主管制定促销指标 2. 能执行公司营销计划和策略，制定相应的区域营销计划和策略
	C. 为下属制定销售目标	1. 能划分销售区域 2. 能为每个销售区域制定目标 3. 能根据实际情况分配销售目标
销售通路管理	A. 评估经销商	1. 能通过各种渠道了解中间商 2. 能对中间商信息进行筛选 3. 能对中间商进行比较
	B. 选择经销商	1. 能选择适合企业的经销商
	C. 管理经销商	1. 能对经销商进行有效激励 2. 能有效解决渠道冲突 3. 能有效阻止与解决窜货 4. 能根据实际情况调查经销商 5. 能对大客户进行有效管理 6. 能对经销合同进行有效管理

任务领域	工作任务	职业能力
销售预算管理	A. 制定销售预算	1. 能根据企业销售计划制定总预算 2. 能根据不同区域制定各区域预算
	B. 控制销售预算	1. 能有效控制回款风险 2. 能控制销售人员销售 3. 能管理并控制区域预算及费用，负责审查区域内销售代表理货员和助销员的费用报销，指导其以最经济的方式运作 4. 能管好绩效考评，充分评价和激励下属的销售贡献
销售分析	A. 个人销售业绩分析	1. 能进行销售记录统计 2. 能对销售记录进行归类、总结
	B. 制定新的销售思路	1. 能制定新的销售思路 2. 能制定新客户开发方案
	C. 客户销售动态分析	1. 能熟练应用办公自动化软件，整理客户群资料 2. 能对销售记录进行归类分析 3. 能发现货款支付的问题，并设计相应的应收款管理办法
销售人员管理	A. 销售人员的招聘与选拔	1. 能确定需求人数 2. 能确定人员要求 3. 能确定甄选程序与方法
	B. 销售人员的培训	1. 能制定培训目标与计划 2. 能实施培训计划 3. 能评估培训效果
	C. 激励销售人员	1. 能了解销售人员的要求 2. 能运用有效的方法激励销售人员 3. 能有效进行沟通
	D. 建立薪酬体系	1. 能制定具有竞争力的薪酬体系 2. 能根据实际情况调整薪酬体系
	E. 管理团队	1. 能够进行业务培训（介绍本企业资料、进行销售技巧指导、介绍所销售行业的情况） 2. 能够进行团队人员业务职能划分 3. 能够制定团队销售计划书、时间表 4. 能够开展业务员营销工作的督导 5. 能够与团队成员进行沟通交流，建立团队凝聚力
内部沟通	A. 部门协调	1. 能够进行公司内部各部门协调 2. 能够开展与业务相关单位的协调 3. 及时传递公司有关信息，及时、正确反馈客户的意见和建议
	B. 向上汇报	1. 能向销售经理提出区域组织系统管理、发展的建议 2. 能向销售经理回馈区域市场信息状况，协助经理制定地区销售策略 3. 能完成销售经理指派的行政工作

3. 课程内容分析

课程内容分析的目标是获得某门具体课程的知识、技能及其组织关系，基本参照点是完成工作任务所需要的职业能力。本专业形成的知识结构主要包括操作知识和理论知识：操作知识指完成某工作任务必须掌握的应用知识，如操作步骤、工艺、工具设备名称等；理论知识指完成该工作任务必须具备的解释性知识，用于解释"为什么要这样操作"。在对知识的分析过程中，最好能把操作经验、操作诀窍融入其中，尤其要注意对操作细节的分析，因为细节往往影响着职业能力的形成。对理论知识分析的基本要求是以满足理解过程工作为基本原则。具体如表3-3所示。

表3-3 市场营销专业核心项目课程目标及设计思路

核心项目课程	课程目标	教学内容设计思路
学场营销学	通过课程学习使学生了解市场营销基本过程，了解市场营销各环节的基本决策方法，学会市场营销总体活动方案的制定，并把先修课程"市场调研和分析方法"与专业应用相结合，锻炼学生的信息收集能力、市场机会识别能力、团队合作精神	项目设计以分市场、选择目标市场、制定营销策略为线索来架构，具体的内容先后按照以下顺序展开：市场规模估计→宏观变化的影响→目标顾客的选择→竞争品牌与本企业产品定位→产品与品牌规划→4P的基本框架设计→具体的策略操作与执行控制
市场调研与分析	通过企业销售代表、销售业务主管等营销岗位市场调研与分析任务引领的项目活动，培养学生熟练处理企业市场调研与业务的能力，最终达到企业营销工作中的市场调研员标准	本课程采取了依据调研工作内容的逻辑顺序编排课程内容的思路。总体内容编排顺序设计为：调研问题确定→调研方案设计→调研方式与方法选择→调研问卷设计→抽样方案设计（与抽样调研方式相对应）→实地调研→调研数据整理→调研数据分析→调研报告撰写
终端推广与维护	通过本课程的学习，在企业总体营销战略的指导下，能够制定产品终端推广的整体方案，能够熟悉产品终端推广与维护的基本过程，灵活运用终端推广与维护各环节的基本技能与方法，从而达到企业销量的提升和品牌影响力的扩大	以完成以消费品为主的终端推广与维护的工作任务为教学内容，以消费品终端推广与维护的工作顺序来组织教学过程，以校内仿真模拟实训室和校外实习实训基地作为主要教学场所，采用任务驱动、项目导向等教学模式，灵活运用案例分析、分组讨论、角色扮演、启发引导、实战体验等教学方法，做到在学中做、做中学

核心项目课程	课程目标	教学内容设计思路
销售与洽谈	本课程是在已掌握市场营销基本知识的基础上，通过模拟真实的销售工作场景，了解推销基本含义、推销工作应具备的职业素养、客户拜访前的准备工作、顾客异议出现的原因和类型、售后工作的主要内容；能熟练运用推销礼仪知识的具体内容和要求、客户开发的方法和资质审查、客户拜访应注意问题、推销洽谈的内容和方法、顾客异议处理的原则和策略、促成交易的基本策略、售后跟踪方法和投诉处理的方法，熟悉推销的模式、推销洽谈的原则和步骤、售后跟踪和投诉处理的主要工作内容；养成良好的推销习惯、具备出色的心理素质和扎实的推销能力，为今后上岗就业打下良好的职业技能基础	依据销售岗位（销售代表和销售主管）的工作要求，充分考虑市场需求对推销工作的岗位职责的要求，在岗位工作流程分解的基础上，结合"市场营销专业工作任务与职业能力分析表"，遴选出在推销工作中典型的工作任务，进而精心设计教学项目内容和组织教学过程，最终形成以工作过程为导向的各种学习项目。这些项目的选择与设计力求实用性强、互动性强，具有良好的操作性
销售计划与控制	通过本课程的学习，了解销售业绩的评估方法和步骤，熟悉销售计划，销售费用、销售定额费等计划的制定方法、客户管理的基本方法等	该课程是依据"市场营销专业工作任务与职业能力分析表"中的"制订销售计划""销售分析、销售预算的管理"等工作任务设置的，以完成销售业务计划方案制定和控制的工作任务为教学内容，以消费品的销售计划方案制定和控制的工作顺序来组织教学过程，以校内仿真模拟的实训室和校外实习实训基地作为主要教学场所，采用任务驱动、项目导向等教学模式，灵活运用案例分析、分组讨论、角色扮演、启发引导、实战体验等教学方法，做到在学中做、做中学
小企业创办	通过工作任务引领的项目活动，培养学生熟练掌握创办小企业的步骤和写创业计划书的能力	本课程采取了现实中小企业创办工作步骤先后顺序编排课程内容的思路，总体内容编排顺序：评价创业潜力→建立创业构思→评估潜在市场→组建创业团队→选择企业组织形式→寻求法律保护和承担相应责任→预测启动资金需求→制订利润计划→撰写创业计划书→判断企业能否生存

核心项目课程	课程目标	教学内容设计思路
销售通路管理	通过本课程的学习，熟悉销售通路管理的基本内容与销售通路管理的决策内容、决策方法。熟悉销售通路模式选择，能就销售通路管理中的常见问题进行判断、决策与组织实施	以认识通路、通路设计、通路控制和通路评估为线索来架构。项目的设计主要考虑将课程的实际需要和企业的实际相结合，为了适合教学需要，会在项目能保证完成课程相关技能学习的基础上有一定的提炼和模拟
客户服务与管理	通过本课程的学习，要求学生理解客户服务与管理的系统知识，熟悉完整的客户服务与管理的流程、技巧与方法，提升客户服务理念与技巧，并着力于学生创新能力及实践能力的培养，从过多的理论灌输向创新能力的培养与综合素质的提高转变，使学生能够胜任企业客户服务、客户数据分析整理等工作任务。通过案例与实例的模拟教学使学生能够对具体的实际问题提出初步的解决方案	以客户服务管理的实际工作内容来设计教学内容，以客户服务部门各项业务的工作流程来组织教学过程，采用教、学、练三者结合，以练为主的教学方法
团队管理	本课程依据"市场营销专业工作任务与职业能力分析表"中的"销售人员管理""内部沟通"等工作任务进行设置，其功能是在学生掌握销售业务员应具备的知识与技能的基础上，为未来晋升销售主管而培养相应的团队管理能力	建立基于团队管理的工作流程为导向的教学框架，与企业进行合作，同时依托职业心理素质训练平台进行训练教学的改革，在课堂教学中采取小组讨论、案例分析等教学方法和手段；在教学上以学生为主体，不断优化考核方法，加大过程性考核比重，规范各种形式的考核标准，建立多元化的考核体系；引进企业专家共同教学，编写《团队管理》教材，同时做好相关教学资源的建设
公共关系	通过本课程的学习使学生掌握公共关系的核心内容，熟悉内部关系的协调、外部关系的把握、企业危机的应对、公关专题活动的开展等，切实提高学生的职业技能和处理实际问题的综合素质，为其上岗就业打下良好的职业技能基础	依据"市场营销专业工作任务与职业能力分析表"中的"企业产品宣传、售后服务、部门协调"等工作任务设置。课程教学突出职业岗位核心能力，除注重专业技能外，还要强调沟通交际能力、创新能力，以及从事职业活动所必需的工作方法和学习方法（在职业生涯中不断获取新的技能与知识、掌握新方法的重要手段）基本职业能力层面的社会能力（包括积极的人生态度、对社会的适应性、行为的规范及团队共事能力）

三、市场营销专业课内外学习活动的统筹

在多年的探索与实践中，市场营销专业构建和实施了"三堂联动"的人才培养方案，即以公共课、专业基础课和专业核心课为专业第一课堂、以课外社会实践活动为主的第二课堂以及以校外专业实践活动为主的第三课堂，努力做到专业岗位的"硬"技能与职业发展的"软"技能并重。

以本专业 2012 级人才培养方案为例。第一课堂改革注重学生职业素养培养，并结合营销工作任务、职业资格考核要求和商帮精神传承教育，开发了公共基础模块、传承教育模块、创业课程模块、专业项目课程模块、三阶段顶岗实习模块，共 110 学分；第二课堂突出学生软技能培养，搭建了"厚德讲坛"技能运动会、创业俱乐部、专业社团等平台，学生要通过参加各类活动取得 3 学分；第三课堂突出学生专业实践能力培养，利用校园商品展销会、E 商工作室、创业园、中小企业营销服务中心等平台提供的实战项目，丰富专业实践经历，要取得 7 学分。"三个课堂"各有侧重、互相渗透，通过完成最低毕业学分来综合培养高素质、高技能的营销人才。

市场营销专业实施"三堂联动"的校内外、学期内外相结合的教学训练模式，如利用"市场"平台在中高年级进行岗位技能训练和创业能力培养。通过组织学生定期举办商品展销会、网上开店、创业园自主创业、承接外包业务等形式，引导学生进行真正的营销工作实践。主要做法如下：第一，组织举办校园商品展销会，自主经营、自负盈亏，培养学生的市场意识及与人沟通的能力。第二，与阿里巴巴、东方热线等企业合作，引导学生网上开店，通过真实市场的历练来提高学生的网络营销能力，同时培养学生的商业意识，增强其议价沟通能力和组织能力。第三，鼓励学生在创业园开店或利用 E 商工作室网站开设网店，引导学生进行创业实践，培养学生的创业实践能力。第四，组建中小企业营销服务中心，引进企业市场调研、营销策划、商品代理等外包服务项目，利用课程项目教学和课余兼职制度，培养学生的综合营销能力。

四、市场营销专业人才培养方案实施的要求

（一）教学保障

以工作过程为导向的营销专业人才培养方案的实施对专业教师带来了新的挑战，不仅要求教师必须具备完成开发一个项目所涉及的所有专业理论知识和专业技能，要求其在备课时做大量的准备工作，以应对学生的各种未知问题，还要求教师真正具备工作实践经历，使"教"与"做"一体、"理"与"实"一堂。专职教师要利用各种渠道深入企业、实习基地，实现教师角色由知识传授者向学习导师、策划者、主持人、协调员、咨询员的转变，同时积极聘请企业的销售经理、营销主管以及资深营销业务员和专家来校授课和开设专题讲座。

教学场所的布局要做根本性调整，由以教室为主、实训室为辅转变为以实训室为主、教室为辅。同时，实训室不再仅是技能训练的场所，而是融技能训练与专业理论学习于一体，充分利用校内商品展销会、E商工作室、创业园和校外实习基地等平台开展营销工作实践，提升学生的综合职业能力。

（二）教学及考核改革

市场营销专业积极推行行动导向教学法，如项目教学、案例教学等，改革课堂教学组织方式，充分体现学生的主体地位。同时，改革传统的学生评价手段和方法，采用目标评价与过程评价相结合、理论与实践相结合的评价模式。如结合课堂提问、学生作业、平时测验、实验实训、技能竞赛及考试情况等多方面综合评价学生能力。

在实践中，市场营销专业实施了"三评联动"的考核评价制度。针对不同的训练内容和训练方式，分别采用量表测评、过程测评和业绩测评来综合评定。以心理量表、能力量表来测试知识传授及感悟部分的技能，以参与的态度、强度、投入程度来测试熏陶、体验部分的技能，以实际的工作业绩来测试实战部分的技能，使教学评价从量表、过程、业绩三个维度和企业、学校、学生三个角度进行综合评价，从而使人才培养更贴近社会。

案例二：市场营销学课程总体设计实施

一、市场营销学课程概况

市场营销学课程是市场营销专业的核心课，是最基本、最综合的思维训练课程，是所有营销类岗位的理论和操作指南。在学习市场营销基本理论的基础上，掌握市场营销方案的制定方法和思路，具备市场营销方案制定能力，才能达到助理营销师资格证书的部分内容要求。

本课程打破以知识传授为主要特征的传统学科模式，以营销职业能力培养为重点，以消费品营销工作过程为主线，以合作企业营销任务（选择宁波的电子电器和商贸服务业两大重点优势产业中骨干企业）为背景，以课证融合为指导，采用"教学项目化、学习自主化、实践职场化"的行动导向教学模式和灵活多样的教学方法、教学手段，构建立体化、多层次的实践教学体系，做到教、学、做合一。

二、市场营销学课程目标的确定

我校市场营销专业培养面向电子电器和商贸服务业生产、销售的第二产业、第三产业的高技能营销人才，主要岗位是销售代表和销售主管。从对这两个岗位的工作任务和职业能力分析中可以看出，无论是销售代表还是销售主管，了解市场容量、了解细分市场、准确进行市场定位和产品推广是成功开展销售的基础，而这些正是市场营销学课程面向的工作领域。

基于专业人才培养目标的总体定位以及市场营销学课程面向的工作领域所需要的知识、能力和素养，确定本课程的目标：熟悉市场营销基本过程，掌握市场营销各环节的基本决策方法，学会市场营销总体活动方案的制定，锻炼学生的信息收集能力、市场机会识别能力、团队合作精神，达到助理营销师资格证书的部分内容要求。

（一）知识目标

（1）了解宏观营销环境中的经济环境、人口环境、物质环境、技术环境、政治法律文化环境分析的主要内容。

（2）熟悉行业竞争者类型、竞争方式及反应模式。

（3）掌握消费者购买产品的行为特征。

（4）熟悉顾客需求，能对产品进行市场细分并能提出新产品创意。

（5）熟悉产品差别化的工具、方法以及细分市场的有效评估方法。

（6）熟悉产品定位理论及运用方法。

（7）熟悉产品组合、品牌、生命周期策略。

（8）熟悉产品的定价方法和调整策略。

（9）熟悉产品的分销模式和设计策略。

（10）熟悉产品的促销手段的运用要求。

（二）职业能力目标

（1）能测算指定产品的市场容量。

（2）能分析指定产品所面临的宏观环境、竞争状况和目标消费者的购买行为特征。

（3）能对某产品市场进行多类型的市场细分并对细分结果的有效性做出评估。

（4）能根据市场和产品情况选择相应的目标市场。

（5）能进行综合的 SWOT 分析，确定合适的产品 USP（卖点）或定位。

（6）能设计产品的附加价值和设计产品品牌名称。

（7）能识别竞争对手产品的价格策略并为产品制定合适的价格。

（8）能分析不同行业产品的渠道模式，并对指定产品设计合适的分销通路模式。

（9）能设计有效的面向中间商、消费者的营业推广方案。

（10）能确定合适的广告宣传主题，并制订符合要求的媒体宣传计划。

（11）能根据要求完成完整的市场营销活动方案的制定。

（12）能对营销活动方案做出正确的评价。

3. 素质目标

（1）能在学习过程中积极与他人合作，相互帮助，共同完成学习任务。

（2）具有良好的市场意识、竞争意识和创新创业精神。

（3）接触到市场营销的知识与技术时，乐于探究其实现手段和实现过程。

三、市场营销学课程内容的选取与排序

市场营销学课程内容的选取主要考虑以下三个方面的因素。第一，教学内容的选取充分体现"岗位适用"。在对销售代表和销售主管两个岗位的工作流程、工作任务及相应的职业能力要求进行详细分析的基础上，本课程设计了市场机会分析、营销战略选择和营销策略制定三大项目，且每一项目教学的内容紧扣岗位工作任务。第二，教学内容的选取充分体现行业发展需要。本课程主要立足电子电器行业，兼顾商贸服务业，因为电子电器和商贸服务业是宁波两大优势产业。第三，教学内容的选取充分体现"课证一致"。根据人保部的助理营销师资格考试要求，本课程在保留了较完整的市场定位和"4P"理论教学的基础上，增加了对营销实务活动的分析和策划训练。比如，营业推广方案制定的教学模块中，减少了营业推广的特征、形式的传统教学内容，组织学生收集新颖创意和违反法规的正反两种案例并进行分析，为特定企业或产品设计营业推广方案，以此提高学生对营业推广计划组织实施的能力。

课程内容编排以"分析市场机会→选择营销战略→制定营销策略"为主线展开，具体如表 3-4 所示。

表 3-4　市场营销学课程主要内容与具体要求

项目	模块	知识要求	技能要求
项目一：分析市场机会	模块 1-1：市场规模测算	市场三要素	能测算指定产品的市场容量
	模块 1-2：外部环境分析	经济环境及主要内容、人口环境及主要内容、物质环境及主要内容、人口环境及主要内容、政治法律文化环境及主要内容分析	能分析指定产品的宏观环境带来的机会威胁
	模块 1-3：竞争对手分析	竞争对手确定 竞争情报来源 竞争对手战略及评价 竞争者的反应模式	能获取竞争对手的市场情报
	模块 1-4：消费者分析	最终消费者的购买时间、购买地点、购买数量、购买动机、购买决策分析	能分析产品最终消费者的购买行为
	模块 1-5：企业（或产品）分析	企业内部情报的收集途径与方法 企业内部优劣势的主要要素 SWOT 理论	能对指定企业（或产品）进行 SWOT 分析

项目	模块	知识要求	技能要求
项目二：选择营销战略	模块2-1：市场细分与新产品创意	顾客需求分类的依据 市场细分标准 市场细分步骤 市场细分原则	能对某产品市场进行多种类型的市场细分 能对各细分市场进行市场评估 能根据市场细分的方法提出新产品创意
	模块2-2：目标市场选择	有效市场细分标准 目标市场进入方式	能选择目标市场
	模块2-3：市场定位确立	独特的销售主张USP（卖点） 产品差别化 产品定位的确立 产品定位选择	能分析产品优劣势，找出产品USP
项目三：制订营销策略	模块3-1：产品策略制定	产品整体概念 产品组合 产品生命周期 新产品开发 产品品牌名称设计 统一品牌与个别品牌 品牌扩展	能设计产品的附加价值、产品系列 设计各阶段的策略 设计新产品的开发计划 设计产品品牌名称 能分析品牌战略的利弊
	模块3-2：价格策略制定	产品定价方法 产品定价策略	能识别竞争对手产品的价格策略 能为产品制定合适的价格
	模块3-3：渠道策略制定	中间商类型 渠道类型及设计应考虑的因素 渠道管理与控制	能分析不同行业产品的渠道模式 能对指定产品设计分销渠道模式
	模块3-4：营业推广方案制定	营业推广方式 营业推广方案要素	能进行营业推广方案的优缺点评价 能为商品展销会设计促销方案 能设计面向消费者的营业推广方案
	模块3-5：广告传播方案制定	广告信息决策 广告语写作要求和训练 广告文案写作要求和训练 本地广告媒体的收费、特点 广告媒体协同宣传计划	能确定合适的广告主题、广告语 能写作平面广告文案 能制定符合要求的媒体宣传计划
项目四：营销综合应用训练	模块4-1：营销方案制定	市场营销基本原理	能对指定产品完成营销整体方案的制定
	模块4-2：市场营销模拟	市场营销基本原理	能根据市场营销基本原理进行角色模拟，完成市场营销各项决策的模拟

四、市场营销学课程教学设计

（一）项目设计

项目的设计要考虑课程的实际需要，并和企业的实际相结合，在保证完成课程知识、技能学习的基础上要有所拓展。为确保项目教学的实施，既需要仿真模拟的营销案例和校内生产性实训基地作为辅助，又需要与两类校外企业加强合作：一类是项目来源企业，能为学生提供真实的企业背景资料和策划任务，另一类是顶岗实践企业，能为学生提供真实岗位的锻炼机会，真正做到教、学、练结合。具体如表3-5所示。

表3-5　市场营销课程项目及模块学时总体安排

课程项目	课程模块	学时
项目一：分析市场机会	模块1-1：市场规模测算 模块1-2：外部环境分析 模块1-3：竞争对手分析 模块1-4：消费者分析 模块1-5：企业（或产品）分析	2 4 2 4 4
项目二：选择营销战略	模块2-1：市场细分与新产品创意 模块2-2：目标市场选择 模块2-3：市场定位确立	4 4 4
项目三：制定营销策略	模块3-1：产品策略制定 模块3-2：价格策略制定 模块3-3：渠道策略制定 模块3-4：促销（营业推广）方案制定 模块3-5：广告传播方案制定	6 4 4 4 6
项目四：营销综合应用训练	模块4-1：综合营销方案制定 模块4-2：市场营销仿真模拟	20 24
机动		2
合计		98

（二）教学方法设计

根据行动导向教学的总体设计，采用启发引导、案例分析、项目教学、换位教学、角色扮演、实战体验等多种组合式教学方法。教学项目尽可能来自企业，引导学生参与企业营销实践，以加深对市场营销理论的理解及实际工作中的灵活运用的感悟。

（1）案例教学法。案例教学是在学生掌握了有关基本知识和分析技术的基础上，运用典型案例，将学生带入特定事件的现场进行案例分析，主要培养学生正确的营销理念、工作作风、沟通能力和协作精神。课堂教学的组织流程为：以提问形式复习上次课内容→针对工作任务引入新案例→案例分析讨论→通过案例分析归纳知识点→尝试解决另一个同类任务（巩固）。

（2）换位教学法。学生先以"教师"的角色讲授该节课的部分内容，然后由其余学生以"教师"的角色提问、质疑，教师最后以"学生"的角色对授课效果加以评价。这种教学方法通常与案例收集、分析结合使用。

（3）角色扮演法。利用市场营销模拟软件注册公司，进行角色分工，按企业设立的部门进行布局，如设市场部、企划部、办公室、人事部、财务部、经理室等，让参与练习的学生通过不同角色的轮换模拟演练市场分析、营销战略发展和营销决策制定的营销管理过程，使学生对营销全过程有一个较全面的了解，强化学生对岗位变换的适应能力。

（4）实战体验法。设计了校园商品展销会、促销联谊会、消博会岗等课外营销实践形式，探索在真实的企业环境下如何开展综合性营销职业能力的锻炼。校园商品展销会主要通过展销会形式指导学生进行展会组织、自主经营、自负盈亏的经营活动，体会市场营销理论和技巧；促销联谊会主要通过有组织地介绍学生利用节假日时间到企业进行兼职促销，帮助学生了解企业促销形式和促销活动的实施；消博会顶岗主要借助中国消费品国际博览会在宁波举行，学生通过顶岗进行场馆管理和服务，体会会展销售的组织，了解企业参展技巧。

（三）考核方式设计

本课程实施多维多元的教学评价方式，采取过程评价与结果评价相结合、课堂参与与课前准备相结合、课内学习与课外实践相结合、教师评定与企业评定相结合的方式，重点评价学生的态度和职业能力，主要由理论认知的掌握程度（20%）、单元作品（40%）、综合营销方案（20%）、营销模拟（10%）、营销实践（10%）五方面构成。除理论认知外，其他四部分的考核要遵循态度与业绩兼顾、规范与创新兼顾的原则，同时充分吸收企业的评价意见。

五、市场营销学课程教学资源的开发与建设

本课程于 2008 年被评为国家精品课程。课程网站教学资源丰富、使用率高、互动性强，2012 年转型升级为国家级精品资源共享建设课程。除课程标准、课程录像等基本教学资源外，还包括以下资源：

（1）市场营销案例库：分章节案例集、本土案例集、行业营销案例（家电营销案例集、服装营销案例集、快速品营销案例集、汽车营销案例集、旅游营销案例集）、营销综合案例集、品牌专案等。

（2）专题讲座库：品牌 4S 战略、营销纲领、中国品牌中国造、营销策划销售培训、精准市场定位、团队执行力以及波士堂、财富人生、赢在中国、职业素养等系列视频。

（3）素材资源库：平面广告作品选、影视广告作品选。

（4）仿真实验实训（实习）系统：SimMarketing 营销模拟系统。

案例三：浙江工商职业技术学院市场营销学课程项目设计

具体课程项目设计方案如表 3-6 所示。

表 3-6　课程项目设计方案

课程项目	课程模块	学时
项目一： 分析市场机会	模块 1：市场规模测算	2
	模块 2：外部环境分析	4
	模块 3：竞争对手分析	2
	模块 4：消费者分析	4
	模块 5：企业（或产品）分析	2
项目二： 选择营销战略	模块 1：目标市场确定	6
	模块 2：定位战略确定	6
项目三： 制订营销策略	模块 1：产品策略制定	6
	模块 2：价格策略制定	4
	模块 3：渠道策略制定	4
	模块 4：促销（营业推广）方案制定	4
	模块 5：广告传播方案制定	6
	模块 6：营销新手段的运用	4
项目四： 营销综合应用训练	模块 1：综合营销方案制定	20
	模块 2：市场营销仿真模拟	24
合计		98

项目一：分析市场机会（14学时）

一、教学目标

最终目标：能对企业所面临的市场有较全面的认识，提交完整的SWOT分析报告。

促成目标：

（1）了解宏观营销环境中的经济环境、人口环境、物质环境、技术环境、政治法律文化环境分析的主要内容。

（2）熟悉行业竞争对手的生产、销售情况及其营销战略。

（3）掌握消费者购买产品的行为特征。

（4）能够对产品特性等进行比对分。

二、工作任务

（1）能收集指定产品所在行业的宏观环境的有关资料。

（2）能收集指定产品各类竞争对手的相关资料。

（3）能收集和调查指定产品消费者购买特征和消费规律。

（4）熟悉产品的工艺流程、原材料、功能、性能、价格等在行业中所处的地位，努力挖掘产品优点。

三、活动设计

（1）收集影响市场的环境、竞争者、消费者等资料，撰写各部分分析报告。

（2）结合背景企业和产品实际进行SWOT分析。

（3）利用课余时间组织学生兼职参加促销员、导购员的企业实践。

（4）利用中国日用消费品博览会、宁波银泰百货、必胜客运营部顶岗的机会，调查并分析某一行业的竞争状况。

模块1：市场规模测算（2学时）

一、教学目标

最终目标：能匡算、估算、测算某一产品的市场潜量。

促成目标：

（1）熟悉市场容量（或潜量）的测算方法。

（2）熟悉市场各要素的常用信息收集方法和途径。

（3）熟悉网络信息的收集。

二、工作任务

（1）测算现实市场容量。

（2）估算潜在市场容量。

三、活动设计

（1）从校园超市角度测算全校学生有关食品、日用品、文具的消费支出。

（2）选择一种消费品，估算该消费品的全国需求总量或地区需求总量。

四、相关理论知识

（1）需求测量相关概念。

（2）市场容量测算的基本方法。

（3）预测未来需求的基本方法。

五、相关实践知识

（1）统计年鉴或统计公报等公开信息的查阅。

（2）网络信息收集的常用方法。

六、思考与练习

（1）如何估算目前网民数量？

（2）选择一种电子电器产品，估算该消费品的全国需求总量或地区需求总量。

模块2：外部环境分析（4学时）

一、教学目标

最终目标：能立足行业，分析该行业外部环境变化带来的机会和威胁。

促成目标：

（1）熟悉经济环境分析的主要内容。

（2）熟悉人口环境分析的主要内容。

（3）熟悉物质技术环境分析的主要内容。

（4）熟悉政治法律文化环境分析的主要内容。

二、工作任务

（1）分析所在行业面临的总体宏观环境。

（2）判断外部环境因素的变化对行业发展带来的积极或消极影响。

三、活动设计

（1）选择某一经济热点（如 CP 指数上涨、油价上涨、新合同法实施等）分析其带来的机会与威胁。

（2）调查家用电器行业所面临的外部环境的变化因素并分析带来的影响。

四、相关理论知识

（1）经济环境分析的主要内容。

（2）人口环境分析的主要内容。

（3）物质、技术环境分析的主要内容。

（4）政治法律文化环境分析的主要内容。

五、相关实践知识

（1）宏观环境信息收集的方法。

（2）宏观环境因素的组成。

（3）宏观环境因素对企业的影响。

（4）SWOT 分析基本方法。

六、思考与练习

调查东方热线的商业模式，分析东方热线所面临的宏观环境变化下的机会与威胁。

模块 3：竞争对手分析（2 学时）

一、教学目标

最终目标：能立足行业，分析该行业的竞争状况。

促成目标：

（1）熟悉竞争者类型、竞争方式。

（2）调查竞争者营销战略。

（3）评价竞争者营销战略。

（4）熟悉竞争者反应模式。

二、工作任务

（1）调查行业内竞争动向。

（2）跟踪主要竞争对手的营销战略、策略。

三、活动设计

（1）以顾客身份向两家空调品牌厂商了解其产品价格、优点、技术、促销等做法并进行汇报分析。

（2）为奥克斯空调进行竞争状况的调查分析。

（3）利用中国日用消费品博览会、宁波银泰百货必胜客运营部顶岗的机会调查并分析某一行业的竞争状况。

四、相关理论知识

（1）竞争者分析。

（2）竞争战略的一般形式。

（3）不同竞争角色的战略。

五、相关实践知识

（1）竞争对手信息收集的方法。

（2）竞争对手信息收集的内容。

六、思考与练习

东方热线数码频道的竞争对手有哪些？他们采取了哪些营销手段？

模块4：消费者分析（4学时）

一、教学目标

最终目标：能分析某类产品最终消费者的购买行为。

促成目标：

（1）熟悉该类产品最终顾客的特征和生活消费习惯。

（2）熟悉该类产品最终顾客的购买方式、购买用途。

（3）熟悉该类产品最终顾客的购买能力。

（4）熟悉该类产品最终顾客的决策过程。

二、工作任务

分析指定（或自选）企业产品的目标顾客的购买行为。

三、活动设计

（1）去苏宁（或五星等）家电大卖场观察若干顾客购买电器的过程并汇总交流。

（2）结合自己或调查家人和亲朋好友购买电脑的经历，分析消费者购买电脑的心理、影响购买决策的因素及购买决策过程。

（3）设计一份××类产品需求和消费者调查问卷，并实施调查，完成调查报告。

（4）利用课余时间组织学生兼职参加促销员、导购员的企业实践。

四、相关理论知识

（1）消费者购买行为的模式。

（2）影响消费者购买行为的因素。

（3）消费者购买决策过程。

五、相关实践知识

（1）各类消费者群体的心理特征。

（2）不同消费群的具体条件。

（3）不同消费者的购买习惯。

六、思考与练习

设计一份网络购物的调查问卷，通过对校内外师生的调查，完成一份网络购物现状和趋势的调查报告。

模块5：企业（或产品）分析（2学时）

一、教学目标

最终目标：能在较短时间内对指定企业（或产品）有较全面的客观评价。

促成目标：

（1）熟悉指定企业（或产品）的历史。

（2）熟悉指定企业（或产品）使用的生产工艺和技术。

（3）熟悉指定企业（或产品）的市场营销现状。

二、工作任务

明确地分析给定企业（或产品）的优势和劣势。

三、活动设计

（1）认识自我的游戏。

（2）参观雅戈尔服饰有限公司的生产基地、专卖店，通过与国内外服饰品牌的对比，完成"我看雅戈尔"的产品分析报告。

四、相关实践知识

（1）企业文化。

（2）企业（或产品）分析的调查方法。

（3）企业（或产品）分析的主要内容。

（4）SWOT相关理论。

五、思考与练习

试对东方热线数码频道（或奥克斯空调）进行SWOT分析。

项目二：选择营销战略（12 学时）

一、教学目标

最终目标：能根据产品选定适合该产品市场开发的目标市场定位战略。

促成目标：

（1）熟悉顾客需求，能对产品进行市场细分并提出新产品创意。

（2）熟悉细分市场的有效评估方法。

（3）了解产品差别化的工具和方法。

（4）熟悉产品定位理论及运用方法。

二、工作任务

为企业产品确立定位并选择定位策略。

三、活动设计

（1）结合本地市场产品上市情况，对指定产品进行实地调查，通过市场细分方法，提交新产品创意报告。

（2）完成指定企业和产品的市场定位报告。

模块 1：目标市场确定（6 学时）

一、教学目标

最终目标：能为新产品做市场细分，并为其选择合适的目标市场。

促成目标：

（1）熟悉市场细分标准、市场细分步骤。

（2）熟悉有效市场细分的评价原则和方法。

（3）熟悉目标市场的进入方式。

二、工作任务

（1）为新产品开发、产品定位或定位调整提供创意。

（2）为企业的产品或服务选择目标市场。

三、活动设计

（1）实地调查本地区某类产品（尽可能选择学生较熟悉的产品）满足的消费需求类型，形成调查分析报告（明确该产品使用的市场细分标准及存在的问题）。

（2）根据调查结果，结合消费需求分析，采用头脑风暴法，寻找新的、有效的细分市场，提交新产品创意报告。

（3）角色模拟：设定一家准备进入宁波市场的企业，要求能为其设计进入的目标市场。

四、相关理论知识

（1）消费者市场细分变量。
（2）目标市场的标准。
（3）进入目标市场的战略与方法。

五、相关实践知识

（1）日用品需求分类。
（2）目标市场区的收入群结构。
（3）目标市场区的主要影响群体及规模。
（4）目标市场区的消费模式分类。

六、思考与练习

调查海尔电器（洗衣机、空调）开发的各类产品系列，分析其产品开发依据。

模块2：定位战略确定（6学时）

一、教学目标

最终目标：能选择给定产品（品牌）定位点及设计初步的定位宣传方案。

促成目标：
（1）熟悉市场定位的方法。
（2）熟悉市场定位的操作步骤。

（3）熟悉市场定位的确立和选择。

（4）熟悉市场定位的传播手段。

二、工作任务

（1）设计、选择出新产品（品牌）的竞争差异点。

（2）确立该新产品的核心差异点。

（3）提出定位点。

（4）设计初步的定位宣传计划。

三、活动设计

（1）收集资料，分析指定产品定位存在的问题及对策建议。

（2）完成产品的定位点的选择。

四、相关理论知识

（1）定位理论。

（2）产品竞争差异点的寻找与设计。

（3）定位点的确定原则。

（4）定位方法的选择及错误定位地避免。

五、相关实践知识

（1）USP 广告和定位式宣传比较。

（2）成功定位的典型品牌。

（3）典型的成功品牌定位传播。

六、思考与练习

分析东方热线网站的市场定位，并设计该网站数码频道的定位及其传播体系。

项目三：制定营销策略（28学时）

一、教学目标

最终目标：能对产品的"4P"策略进行分析，为指定产品制定合适的产品策略、价格策略、渠道策略和促销策略。

促成目标：

（1）熟悉产品的品牌、包装和服务策略。

（2）熟悉产品的定价方法和调整策略。

（3）熟悉产品的分销模式和设计策略。

（4）熟悉产品的促销手段的运用要求。

二、工作任务

（1）设计产品的附加值及组合。

（2）设计品牌名称、包装策略：

（3）设计产品的初始价格与调整预案。

（4）设计企业或产品的分销渠道。

（5）制定产品的促销组合方案。

三、活动设计

（1）根据相关营销现象设定辩论主题，组织开展辩论。

（2）完成指定产品的产品、价格、渠道、促销策略方案的设计。

（3）参加校园商品展销会，以校园师生为目标市场，进行市场营销策略的实战体验。

（4）利用中国日用消费品博览会、宁波银泰百货、必胜客运营部顶岗的机会，调查并分析某类产品的营销策略。

模块 1：产品策略制定（6 学时）

一、教学目标

最终目标：能全面评价指定产品的产品整体策略，设计产品的附加值和品牌名称。

促成目标：

（1）熟悉核心产品、形式产品和附加产品内容。

（2）熟悉产品品牌策略。

（3）熟悉产品包装策略。

二、工作任务

（1）分析给定产品的具体产品策略、措施。

（2）分析给定产品的功能、外在价值与服务内容。

（3）设计给定产品的产品组合。

（4）制定给定产品的包装策略。

（5）设计给定产品的品牌名称。

三、活动设计

（1）分析现有的品牌名称，并为指定产品进行品牌命名。

（2）围绕"品牌延伸"现象开展相关辩论。

（3）结合"月饼礼盒奢侈化""过度包装"等主题，组织"我谈过度包装"的演讲。

四、相关理论知识

（1）整体产品理论、产品组合理论。

（2）包装策略、品牌策略内容

（3）产品寿命发展过程。

五、相关实践知识

（1）市场主要行业的品牌排名与占有率。

（2）主要消费品的（某行业）的产品包装政策。

（3）消费品市场的不同产品领域的品牌取名。

六、思考与练习

为宁波某服饰公司的网购产品设计一个品牌名称。

模块 2：价格策略制定（4 学时）

一、教学目标

最终目标：能为产品确定合适的价格，并根据市场竞争情况进行价格调整。

促成目标：

（1）熟悉定价方法。

（2）熟悉各种定价策略。

二、工作任务

（1）制定给定产品的基本价格

（2）根据产品寿命阶段和竞争情况进行价格实时调整。

三、活动设计

（1）任选一种产品，调查该产品的成本构成及各类价格（不同时期面向分销商、消费者的不同价格或价格折扣），并分析其定价方法和策略。

（2）为创意的新产品设计一套价格。

四、相关理论知识

（1）价格制定过程与基本定价方法。

（2）价格的修正与调整。

五、相关实践知识

（1）影响定价的主要因素。

（2）行业惯用的定价方法与策略。

（3）竞争对手的价格互动。

六、思考与练习

试分析宁波三英服饰公司两大系列产品（专卖店销售产品、网购产品）的定价情况。

模块3：渠道策略制定（4学时）

一、教学目标

最终目标：能分析行业内分销渠道建设模式并为指定产品设计分销渠道。

促成目标：

（1）熟悉该行业分销渠道模式。

（2）熟悉影响分销渠道选择的主要因素。

二、工作任务

（1）分析给定产品（或企业、品牌）的分销渠道。
（2）设计给定产品的基本渠道方案。
（3）设计给定产品的中间商管理政策和原则。

三、活动设计

（1）收集家电类企业的分销渠道相关二手资料，分析目前家电企业的渠道模式及优缺点。
（2）任选一家企业，调查该企业产品具体通过哪些中间商分销到各地消费者手中及其结算办法。

四、相关理论知识

（1）分销渠道的类型、中间商的分类。
（2）分销渠道长度、宽度决策。
（3）中间商的选择与管理。

五、相关实践知识

（1）消费品的行业渠道模式。
（2）主要产品行业的中间商选择标准。
（3）典型企业的中间商管理方法。

六、思考与练习

分析杉杉和雅戈尔两大服装企业的渠道模式及优缺点。

模块4：促销（营业推广）方案制定（4学时）

一、教学目标

最终目标：能根据要求设计一份有效的产品促销（营业推广）方案。
促成目标：
（1）熟悉促销的主要方式。
（2）熟悉促销方案的基本框架。

（3）熟悉产品促销的相关法律。

二、工作任务

根据要求为产品设计（营业推广）促销方案并组织实施。

三、活动设计

（1）分别收集一个有创意的和不合格的产品促销方案，并进行点评。
（2）为宁波三英服饰公司网购产品上市设计一份促销方案。

四、相关理论知识

（1）促销与促销组合。
（2）促销的基本类型与主要方法。
（3）营业推广的对象。
（4）营业推广的主要方式。

五、相关实践知识

（1）新产品上市推广措施。
（2）营业推广方案的实施细则。
（3）营业推广的预算安排。

六、思考与练习

收集一个企业在不同时期或不同地区的产品促销方案并进行成败得失分析。

模块 5：广告传播方案制定（6 学时）

一、教学目标

最终目标：能根据要求确定广告宣传主题，制订广告媒体计划。
促成目标：
（1）熟悉广告主题的诉求内容、诉求方式。
（2）熟悉各类广告媒体的特点及收费情况。
（3）熟悉广告媒体组合，确定广告传播的媒体。

二、工作任务

（1）设计产品广告的基本主题。

（2）制订产品广告的媒体计划与预算。

（3）撰写广告方案。

三、活动设计

（1）收集各类广告，进行广告作品的优劣点评。

（2）利用联想、头脑风暴等方法进行创意训练。

（3）收集各类广告媒体信息，推荐一种新型媒体。

（4）根据相应要求，为宁波三英服饰公司的网购产品设计平面广告的文案和媒体宣传计划。

四、相关理论知识

（1）广告类型与广告创意。

（2）广告媒体选择。

（3）广告预算。

（4）广告效果测定。

五、相关实践知识

（1）行业产品的常用广告主题类型。

（2）著名广告的常用创意分类。

（3）广告媒体的特点与产品特点的匹配。

六、思考与练习

根据提供的促销（营业推广）方案，设计一个促销广告方案。

模块6：营销新手段的运用（4学时）

一、教学目标

最终目标：能对新型的营销手段进行分析与运用。

促成目标：

（1）熟悉最近几年营销界出现的新型营销手段。

（2）熟悉各类营销新手段的基本做法。

二、工作任务

（1）根据较新营销手段，拟订产品的新营销方法。
（2）总结整理新近市场营销新手段、新方式
（3）结合市场需求和行业变化进行营销手段的创新。

三、活动设计

（1）收集一家企业开展体验营销、事件营销（公益营销）、娱乐营销等新型营销手段的案例，并进行分析。
（2）为一家指定企业（或产品）设计一个新型营销手段运用的方案。

四、相关理论知识

（1）市场营销新趋势。
（2）创新营销的发展。

五、相关实践知识

体验营销、事件营销、娱乐营销的理念和基本要素。

六、思考与练习

分析定制营销、直复营销的做法及其优势。

项目四：营销综合应用训练（20+24 学时）

一、教学目标

最终目标：巩固市场营销的基本理论及营销战略、策略的综合运用。
促成目标：
（1）熟悉市场营销方案的基本框架。
（2）熟悉市场营销模拟的软件环境和操作要求。
（3）熟悉商品展销会举办和参展要求。
（4）熟悉学校与宁波银泰百货、必胜客运营部、东方热线、宁波三英服饰公司合作情况，并积极参与。

二、工作任务

（1）以新产品为开端，制定产品的不同寿命阶段的整体营销策略规划。

（2）以品牌定位为核心，策划给定产品的整体营销方案。

三、活动设计

（1）提供企业和产品资料，制定一份完整的市场营销方案。

（2）利用市场营销模拟软件的仿真环境开展市场营销活动的决策模拟。

（3）组织参加校园商品展销会，实战体验市场营销活动，并总结成败得失。

（4）参与兼职与顶岗，在真实的环境下体验市场营销活动，并总结感悟。

模块1：综合营销方案制定（20学时）

一、教学目标

最终目标：根据提供的资料完成营销方案的制定。

促成目标：

（1）熟悉市场营销方案的基本要素。

（2）熟悉市场营销方案各部分的写作内容。

（3）熟悉指定产品所在行业的现状和发展走向。

二、工作任务

为企业（或产品）制订市场营销计划。

三、活动设计

综合营销策划分三阶段（活动地点：机房）。

（1）针对三个主要消费品行业各收集一份市场营销策划方案，从规范性、可行性、创新性等方面分析该方案（4学时）。

（2）班级分组（一般为3人一组）。自定或规定一款新产品，从新产品的开发过程开始，制定完整的新产品上市推广方案（12学时）。

（3）进行公开的小组方案的评比与分析讲解（4 学时）。

四、相关理论知识

（1）宏观环境与 SWOT 分析。

（2）市场规模测算。

（3）目标市场选择与进入。

（4）产品或品牌的定位与实施。

（5）新产品与产品寿命周期战略与策略。

（6）营销组合项目的综合运用。

五、相关实践知识

（1）市场营销的实战过程。

（2）SWOT 分析的实际运用。

（3）全新产品的目标市场选择。

（4）竞争者的目标市场攻略。

（5）不同市场阶段的竞争者互动。

（6）主要行业的品牌促销攻防。

六、思考与练习

（1）针对三个主要消费品行业各收集一份市场营销策划方案。

（2）收集并提供某行业主要品牌之间的策略互动过程总结报告。

模块 2：市场营销仿真模拟（24 学时）

一、教学目标

最终目标：完成市场营销全过程的模拟。

促成目标：

（1）熟悉市场营销的基本决策。

（2）熟悉市场营销模拟软件的基本操作要求。

二、工作任务

市场营销活动实施——软件模拟。

三、活动设计

（1）市场营销软件模拟。

（2）软件模拟活动的分享。

四、思考与练习

模拟后的感悟总结。

案例四：《中小型网络安全管理与维护》项目教材改革实践

一、立足区域经济，依据网络安全管理和维护岗位需求明确教材的定位

随着互联网的发展，网络病毒与网络犯罪随之而来，为了减少和防止该类犯罪给企业和个人带来的隐患，网络安全工程师这一职业逐渐为人们所熟悉。社会对信息安全服务的需求很大，军队、国防、银行、税务、证券、机关、电子商务等行业都急需大批网络安全人才，网络安全工程师越来越受到重视。对浙江省网络安全技术公司的调研表明，合格的网络安全工程师深受企业欢迎，能获得较高的薪酬，并且在未来5年内都将处于紧缺状态。鉴于此，网络安全技术工程师成为计算机类专业人才培养的重点方向。

网络安全工程师的就业职位很广泛，主要有网络安全管理与维护工程师、网络安全分析师、数据恢复工程师、网络架构工程师、网络集成工程师、网络安全编程工程师等。中小型网络安全管理与维护课程对应的职业岗位是网络安全管理与维护工程师，其从业要求如下：

（1）计算机应用、计算机网络、通信、信息安全等相关专业毕业，三年以上网络安全领域工作经验。

（2）精通网络安全技术，包括端口、服务漏洞扫描、程序漏洞分析检测、权限管理、入侵和攻击分析追踪、网站渗透、病毒木马防范等。

（3）熟悉 TCP/IP 协议 SQL 注入原理和手工检测、内存缓冲区溢出原理和防范措施、信息存储和传输安全、数据包结构、DDoS 攻击类型和原理，有一定的 DDoS 攻防经验。

（4）熟悉 Windows 或 Linux 系统，精通 PHP Shell Perl Python/C/C++ 等至少一种语言。

（5）了解主流网络安全产品的配置及使用。

（6）善于表达沟通，诚实守信，责任心强，讲求效率，具有良好的团队协作精神。

二、以岗位职业能力为主线，以不同规模网络平台为载体，科学设计教材结构

项目是教材聚集知识、技能与职业素养的载体，本教材以项目的形式呈现，将"工作任务→活动设计→项目评价→技术与知识→继续训练→继续提高"几个环节贯穿整个项目的始终，围绕中小型网络安全管理与维护岗位对高技能人才的需要，设计了五个学习单元（学习情境），具体如表3-7所示。

表3-7 《中小型网络安全管理与维护》教材的五个学习情境

序号	学习单元	教学目标	主要内容
1	引言	了解网络安全的最新动态，学会构建虚拟局域网，能够对 Windows Server 2016 安全进行配置和分析，为后续单元的学习配置打下基础	网络安全的最新动态、虚拟局域网构建、Windows Server 2016 安全配置
2	桌面主机安全威胁与防护	对桌面主机进行安全管理与维护，能够识别针对桌面主机的安全威胁及对这些威胁采取防护攻击与防护措施	ARP 欺骗攻击与防护、Windows 密码破解与远程控制、缓冲区溢出攻击与防护、网络钓鱼攻击与防护、蠕虫病毒攻击与防护、桌面主机安全整体防护
3	小型网络安全威胁与维护	对小型企业网络进行安全管理与维护	小型网络安全需求和常用架构设计、小型网络安全设备配置与维护、网络应用安全威胁与防护、数据库应用安全与防护
4	中型网络安全威胁与防护	对中型企业网络进行安全管理与维护	中型企业网络的安全需求和常用架构设计、中型网络安全设备配置与维护、网络安全监控、网络安全应急响应、信息安全管理
5	校园网络安全评估	以网络安全公司安全技术员的身份对校园网络进行安全评估	网络安全评估的内容和方法、网络安全评估的步骤、渗透测试的常用技术、网络安全评估报告的书写

案例素材学习单元 1 是学习网络安全技术的预备知识和技能，从学习单元 2 到学习单元 4 是以不同规模的计算机网络为载体，按工作复杂程度递增、能力递进的排列顺序，基于合作单位的真实工作任务设计的三个完整的、由简单到复杂的网络安全管理与维护工作过程，这三个工作过程融合了网络安全设备配置、网络攻击技术、网络防御技术、服务器管理与维护等技能和知识。从技能和知识要求看，其是递进和上升的过程，如传统的讲授防火墙内容时，会把防火墙的各种知识和技能在一个相对集中的时间段中完成，本教材则将防火墙的知识和技能分散到三个工作过程中去，原因在于不同规模的网络对防火墙的使用要求是不同的，应该根据所要完成项目的需要去讲授相应的知识和技能。

案例素材学习单元 5 中设计了一个网络安全评估的真实案例，该案例来源于杭州安恒信息技术股份有限公司对我校校园网的评估。这个案例可以让学生了解和熟悉作为网络安全公司的技术人员该如何对特定网络进行安全评估。

三、以校企合作为平台，基于真实工作任务选取教材内容

案例由学校与杭州某信息技术股份有限公司等联合开发与建设，引进职业教育基于工作过程的课程（教材）理念，打破传统的基于学科知识体系的课程（教材）模式，基于网络安全管理的工作过程（任务）选取教学内容，融理论与实践于一体，以项目为载体，采用任务驱动、项目导向等行动导向教学模式，实现"教、学、做"三者的有机结合。

（一）多年的课程建设为教材编写提供了丰富的素材和经验

学校自 2002 年开始进行中小型网络安全管理与维护课程的改革与实践，在尝试多种开发与教学模式的基础上，2008 年 4 月，以工作过程系统化课程理论为指导，与杭州安恒信息技术股份有限公司和中联绿盟信息技术有限公司签订了课程合作开发协议，组建了由企业专家、职教课程专家和专业教师共同构成的课程开发团队。基于网络安全管理的工作过程，以网络安全管理复杂程度递增、网络安全能力递进为主线，对本课程实施了基于工作过程的课程开发，构建了由"桌面主机安全管理""小型企业网络安全管理""中型企业网络安全管理""校园网络安全管理""网络安全攻防实战"等五个学习情境构成的内容体系，成功地开发了基于工作过程的课程标准和学习情境设计方案。

以课程标准和学习情境设计方案为基础，课程教学团队还开发了完整的、体现基于工作过程的课程教学要求的教学资料，包括教案、学习单、课件、学生指导书、工具及其使用说明书，并录制了视频教程供学生课外学习和自学之用。

（二）多途径构建校企合作平台，为教材内容提供真实工作任务

校企合作必须双赢才能持续产生成果，课程教学团队可通过以下几途径实现双赢：

（1）通过与企业共建实训室，免费为企业提供产品展示、培训等服务，要求企业提供真实的案例，给专业教师挂职锻炼提供机会。

（2）通过加入网络安全协会获取企业对人才的需求，验证教材内容是否符合行业企业对高技能人才的要求。

（3）优先为网络安全企业输送优秀毕业生，获得企业的支持。优先推荐优秀毕业生到这些企业就业，同时要求这些企业与我校共同举办网络安全大赛，派遣工程师来校做讲座，并在寒暑假为学生提供实习机会。

（三）以"模拟、仿真、实战"为主线设计教材内容

课程教学团队与杭州安恒信息技术股份有限公司技术专家、职教课程开发专家合作，以不同规模的计算机网络为载体，按工作复杂程度递增、能力递进的顺序序化相关网络安全知识和技能，以"模拟、仿真、实战"为主线设计了"桌面主机安全威胁与防护""小型网络安全威胁与防护""中型网络安全威胁与防护""信息安全风险评估"四篇共 10 章内容。

四、以构建立体化教材为目标，打造知识学习、技能训练与游戏有机融合的网络教学平台

中小型网络安全管理与维护课程相关材料多达 600 G，主要选取与教材内容紧密相关的材料放入光盘，并根据材料类别设计多个栏目用静态网页技术呈现。另外，在课程网站设计了一系列教学游戏，把知识学习、技能训练与游戏有机融合建设网络教学平台。

（一）开发 14 个教学游戏，实现"玩中学"的目标

根据教材内容在课程网站中开发了 2 个角色扮演游戏（如招投标模拟）、5 个闯关游戏（如黑衣人）、3 个即时战略游戏（如邮件内容监视）

和 4 个益智类游戏（如在线脚本游戏），学生可以根据自己的学习进度"玩"不同类型和不同难度的游戏，做到边玩边学，在玩中学。

（二）围绕教材内容创建学习社区，开展教师、企业专家与学生互动

案例团队利用中小型网络安全管理与维护课程网站平台创建了学习社区。由于教材中的每一章都是一个专题，来自不同学校、不同专业的学生可以讨论和交流，杭州安恒信息技术股份有限公司的多位安全工程师也会在网上对学生进行指导。教师和学生还可以在社区获得课件、PPT、授课计划、教案、考核方案、安全工具、教学视频等教学材料。

（三）校企合作全方位提供教学所需设备的相关材料

案例内容和案例涉及防火墙、交换机、IDS、IPSP、网络防火墙、路由器、审计、存储等设备，由于对这些设备的安装部署和功能的详细介绍需要大量的篇幅，因此教材中只介绍了最重要和常用的部分。通过与杭州安恒信息技术股份有限公司、绿盟信息技术公司、天融信科技公司的合作，在课程网站上提供这些设备的所有技术材料，如产品说明书、技术白皮书、案例等，供师生查阅。

第三节　长春职业技术学院计算机应用技术专业："三段进阶式"项目化课程改革实践

本专业主要面向社会需求培养具有现代设计理念，熟练掌握平面、动画、影视后期设计制作的技巧与方法，具备创意、策划、设计、管理能力及较强的动手制作能力，灵活运用计算机应用软件，能在广告公司、企划公司、图文设计、出版行业、影楼、动漫公司、政府机关等企事业单位从事平面设计、动画制作、影视后期制作、网页设计、工程图绘制等平面、动画设计制作方面及行业的相关工作，同时具备良好的职业道德意识、精湛的专业技能、较强的竞争能力和可持续发展的学习与适应能力的德、智、体、美等全面发展的高素质技能型人才。

一、职业岗位群需求分析

（一）人才现状与需求

目前，我国计算机市场的主体仍然是行业应用市场。在国家"以信息化带动工业化"战略的指导下，行业应用市场总体上保持稳定增长，但行业间的需求不一，增长各异。国家信息化进程已经涉及各行各业，企事业单位信息系统的建设与运行是目前和今后采购、应用计算机产品的主流需求。这些用人单位需要高校培养大批计算机应用技术人才。

1.人才需求的宏观背景

计算机应用技术人才的社会需求总量在计算机行业中位居前列，每年大约需求 100 万名各种类型的毕业生。高职院校毕业生主要从事计算机应用行业的基础工作，其中部分毕业生从事一些开发研究工作，也有部分学生从事企事业单位的信息化管理工作。

为适应市场经济发展需要，掌握社会现有计算机应用技术专业人才状况，了解社会未来三年对计算机应用技术人才的需求及培养要求，为计算机应用技术专业的培养目标定位和专业设置提供基本依据，课题组采用走访用人单位、问卷调查、资料收集与分析等手段，对高职计算机应用技术人才需求情况进行了专题调研。

此次调研的用人单位主要有长春市麦之芒文化传播有限公司、吉林省东北创意产业研究院有限公司、吉林省大禹广告有限责任公司、吉林省盛世龙行广告有限公司、吉林省长江广告有限公司等大中型企业，还访问了人力资源网站。

本着学生就业"立足东三省，辐射全中国"的宗旨，对东三省以及全国的专业范围内用人情况进行调查统计，为确定专业职业领域提供参考，具体统计如表 3-8 所示。

表 3-8　主要就业职业领域及岗位

序　号		公司名称	就业岗位	
东三省范围	1	吉林省宇龙广告有限公司	平面设计、平面广告设计、影视广告设计	操作力、独立创意以及设计力、良好的沟通协调能力、乐观的人生态度、健康的心理素质
	2	吉林省经纬广告有限公司	户外平面广告设计	
	3	长春市天一广告有限责任公司	户外平面广告设计、画册设计、排版印刷	
	4	长春市出租车广告经营部	出租车顶、车体广告设计	
	5	吉林移动电视有限公司	电视广告制作、非线编辑	
	6	麦田动画工作室	Flash 动画、广告、MV、网站	
	7	黑龙江英和墙体广告公司	墙体广告、户外海报	
	8	哈尔滨天禧广告有限责任公司	平面广告设计、电视广告	
	9	沈阳艺者广告有限公司	平面设计、VI 设计、广告设计、影视制作	
	10	沈阳房地产策划公司	房地产广告策划与推广	
	11	辽宁广告制作公司	展览制作、广告制作	
	12	辽宁红冠耀日影视制作机构	电视广告、专题片、MTV 制作	
	13	长春市浩海长风影视动画制作有限公司	Flash 动画制作、影视后期制作	
	14	吉林省印象动画设计有限公司	二维动画制作、三维动画制作、影视后期制作	
	15	长春方舟影视动画有限公司	Flash 制作人员、二维动画师、三维动画师	
	16	长春市立方体三维动画制作公司	三维模型制作、三维角色动画、电视广告	
	17	长春新视觉 CG 制作工坊	三维动画短片、游戏动画、电影动画	
	18	长春市铭诺文化传播公司	二维动画制作、三维动画制作	
	19	吉林省凯帝动画科技有限公司	动画广告制作	
	20	长春中加知合动画产业有限公司	Flash 动画、3D 动画、电视频道包装、影视特效	
	21	辽宁智博影视动画公司	三维建模、三维动画	
	22	辽宁沈阳影视动画制作有限公司	动画制作、影视编辑、宣传片制作	
	23	辽宁翡翠·天荷影视动画有限公司	Flash 动画片制作、Flash 游戏制作	
	24	沈阳斯科司动漫有限公司	建模、动画、后期特效	
	25	辽宁沈阳影视动画制作工厂	影视动画、后期合成	
	26	哈尔滨智慧动画艺术有限公司	二维动画、动画合成	
	27	哈尔滨雪域动漫开发有限公司	三维动画、影视片头、后期合成	
	28	哈尔滨神笔动画公司	Flash 制作	
	29	哈尔滨互文动画公司	3D 动画制作	
	30	哈尔滨琪美嘉华动漫公司	3D 动画制作、动画特效制作	
全国范围	31	长沙联盛广告有限公司	平面设计、3D 设计	
	32	泉州市精标招牌制作有限公司	平面设计	
	33	成都西博文化传播有限公司	平面设计	
	34	深圳市新广源广告有限公司	平面设计	
	35	南京海石数字科技有限公司	三维动画制作	
	36	北京天一景观规划设计院	3D 设计	
	37	南京丝路数码技术有限公司	平面处理、多媒体制作	
	38	上海邦泰医院投资管理有限公司	网站设计	
	39	游亚科技（上海）有限公司	界面设计	
	40	广州市米兰联盟广告有限公司	三维动画	
	41	中国上海盛治广告有限公司	三维设计	
	42	北京联合空间技术开发有限公司	3D 建模、效果图设计	
	43	厦门吉比特网络技术有限公司	网站美工、游戏动画制作	
	44	广州梧桐广告有限公司	影视后期、三维特效	

从东北地区的情况看，此专业存在人才短缺现象，本专业毕业生连续几年都出现供不应求的局面，说明开设并发展计算机应用技术专业是完全符合市场发展需求的。目前，学生就业主要集中在一些广告公司的计算机平面设计及动画制作、出版行业的版面编辑、中小型企事业单位信息化管理的办公文员以及艺术影楼的数码影像处理技师等岗位。另外，一直与学院保持多年合作关系的几个省内大型企业，如吉林省多邦劳动事务服务有限公司、中国电信长春分公司、吉林省外国企业服务有限公司等大型公司，每年都会接纳本专业几十名学员实习和就业，保证了本专业人才培养供需平衡并使之更加趋于稳定。

调查发现，虽然各个企业（公司）对各类相关岗位的命名有所不同，但是其工作内容及技术要求基本相差无几。大体上分为以下几个职业领域：广告形象策划公司、动画公司、婚纱影楼、传媒公司、事业与机关单位、出版行业等。

随着社会的发展，平面设计和动画设计行业的受关注度不断提高。这一趋势主要体现在人们对文化、居住、休闲和商业活动的高品质要求上。设计师通过良好的设计和规划方案为用户提供了一系列高质量的专业性服务，从而使产品在经过设计之后创造出超越其实用功能的综合美学价值。随着人们环境意识的加强和对生活品质要求的提高，平面设计和动画设计面临巨大的用人市场。全国各地经济建设的加快促使各地众多的平面设计和动画设计公司如雨后春笋般涌现，预示着平面设计和动画设计未来发展的趋势，该行业所提供的专业服务将为更多人所需求。随着这种需求的日益增长，平面和动画设计的价值会得到极大的提升，对社会进步所产生的影响也会越来越广泛。可以这样说，在重视生活品质的当今时代，计算机应用技术专业的发展是现代社会发展的必然结果，也说明平面设计和动画设计行业在当今和未来经济建设发展中的重要性。

2. 行业企业对人才的具体要求

近年来，平面设计、动画设计行业发展迅速，在功能上不断细化，在应用领域上不断扩展，从而引发社会对设计人才需求的急剧增长。随着平面设计和动画设计逐步深入商业活动乃至人类社会的各个方面，这一行业的发展前景愈加乐观。另外，在广告设计向商业应用领域不断扩展同时，带动了社会企事业单位对设计人才的广泛需求。广告设计在产品的外观、结构、人性关怀、环保性能乃至包装、宣传等方面均发挥着至关重要的作用，设计活动几乎涉及商业领域和社会生活的方方面面。

在各类媒体所发布的人才招聘信息中，平面设计和动画设计人才的信息占有相当大的比例，具备高素质、高水平和高实践能力的设计师更是抢手人才。

从广告的长期发展趋势看，平面设计师和动画设计师职业也具有良好的发展前景。但在目前，高素质的平面设计和动画设计技能型人才明显不足。虽然国内进行专门设计人才培养教育的高等院校较多，但能真正培养符合市场需要的高素质技能型人才的院校并不多，尤其是高职院校。在这种状况下，具备熟练操作水平的平面设计和动画设计人才成为国内外业界争夺的焦点，众多用人单位纷纷开出优厚的待遇和条件，招揽优秀广告设计制作人才。可见，市场对平面设计和动画设计人才的需求非常广，对人才规格的要求非常高。

（三）就业岗位群分布

对计算机应用技术专业人才需求情况进行分析，并对多家企事业单位进行走访调研、问卷调查、资料收集与分析等，总结出适合本专业学生的职业领域，主要面向企事业单位 IT 行业，涉及广告及形象策划公司、动画公司、艺术摄影婚纱影楼、事业与机关单位及出版行业等。归纳学生的主要就业岗位大约有六类，它们与职业领域的关系如表 3-9 所示。

表 3-9　职业领域及主要就业岗位（群）

序号	职业领域	就业岗位	职业资格证书
1	广告及形象策划公司	平面设计师	1. Adobe 平面设计师证书 2. 国家信息化计算机教育认证 CEAC 平面设计师
2	动画、传媒公司	动画设计师	1. 全国高新技术资格考试图形图像处理模块 Flash 平台中级证书 2. 全国高新技术资格考试图形图像处理模块 3DS Max 平台中 / 高级证书
3	影楼	数码影像设计师	全国高新技术资格考试图形图像处理模 Photoshop 平台中 / 高级证书
4	传媒公司	影视特效合成师	1. 国家信息化计算机教育认证 CEAC 三维动画工程师 2. 信产部数码影视设计师认证 CEAC 动漫制作工程师
5	事业与机关单位	办公文员	1. 全国高新技术资格考试 Windows 平台操作员级证书 2. 教育部 ITAT 教育工程职业技能认证
6	出版行业	图文处理	1. 全国高新技术资格考试图形图像处理模 Photoshop 平台中 / 高级证书 2. 全国高新技术资格考试 Windows 平台操作员级证书

随着广告业的不断发展，广告设计人才的需求层次将逐渐提升，只能熟练操作应用软件的人才需求比例将逐渐下降，而具备一定专业理论知识和一定动手能力，熟练掌握平面设计和动画设计技术，具有一定的策划设计管理能力的人才需求将日益增长。

在确定知识和能力结构时，应坚持以就业为导向，走产学结合之路，着力聘请行业企业专家，建立专业建设指导委员会，对平面设计和动画设计职业岗位能力进行分析，确定岗位的职责，明确知识和能力结构，进而制订合理的专业教学计划。

分析得出：本专业学生可在印刷、计算机服务、广告、广播电视等行业领域从事平面设计与制作、动画设计与制作、影视特效与后期制作等工作，可从事的工作岗位有平面广告设计师、影楼数码设计师、动画设计师、美术编辑、影视特效合成师、企事业单位的办公文员等。

二、工作任务与职业能力要求

工作任务分析是课程开发的源头。根据实际工作岗位对职业能力的需求，以专业岗位的职业能力和职业素质培养为主线，以满足市场需求为出发点，通过问卷调查、专家访谈、毕业生反馈等方式，对计算机应用技术领域的职业岗位分布情况及社会供求情况、岗位工作任务及职业能力要求等内容开展充分的调研，确定有如下 6 个核心工作岗位，并对岗位工作任务及工作内容进行分析，形成职业工作岗位及实际工作任务分析表，如表 3-10 所示。

表 3-10　计算机应用技术专业岗位与工作任务、工作内容对应表

序号	岗位名称	工作任务	工作内容
1	平面广告设计师	画册的设计与制作 企业形象设计 产品包装设计 宣传广告设计与制作	与用户交流，根据客户实际需求，通过企业背景分析进行 DM 广告、报纸广告、杂志广告、户外广告等的宣传广告策划，撰写策划方案；与客户交流，待客户认可方案后进行广告制作、发片、打样；再次与客户沟通交流，在客户满意情况下形成终稿交付喷绘或印刷
2	数码影像设计师	处理数码照片 设计制作相册版面 设计制作电子相册	数码照片的后期修复、美化、合成 艺术照片版面设计 相册的模板设计
3	动画设计师	Flash 动画广告及短片制作 三维建筑动画、角色动画等设计与制作	为网站和企业进行片头动画、Flash 游戏、电子贺卡、Flash MV、Flash 广告、电视动画短片等设计与制作，或者三维建筑及角色动画的设计与制作

序号	岗位名称	工作任务	工作内容
4	影视特效合成师	动画后期特效设计与制作 影视剪辑与合成 影视作品的发布与输出	运用三维动画软件和影视后期合成软件进行动画后期特效设计与制作，动画剪辑、合成与输出
5	办公文员	常用办公文档的处理 档案的信息化管理 负责网站管理和维护	企事业单位或公司的日常办公文档的编辑与处理；接听、转接电话；接待来访人员；传真件的收发工作
6	美术编辑	规划和设计图书、报纸、期刊等出版物的封面和版面 根据版式要求选用图片进行编排，设计插画、校对封面、版面和插画	在出版行业或者网站从事美工编辑，处理图文排版、图形和插画绘制或封面的设计及处理

以职业岗位群职责、工作任务分析为依据，召开由经验丰富的专业教师与企业行业专家参加的职业岗位分析研讨会。通过对工作岗位所对应的工作任务和能力要求的分析，形成计算机应用技术专业岗位与能力要求分析表，并进行课程的转换，具体如表 3-11 所示。

表 3-11　"岗位→能力→课程"表

职业岗位	能力要求	课程名称
平面设计师	1. 根据客户需求或者企业背景制定广告设计方案 2. 熟练常见平面广告如 DM 广告、报纸广告、杂志广告、户外广告等的设计与制作 3. 进行海报、POP 的设计与制作的能力 4. 设计制作商业画册的能力 5. 能进行产品包装 6. 标志、商标等的设计与制作能力 7. 为各种企业或活动提供 VI 设计 8. 团结协作，较强的沟通能力	字体设计 平面广告设计与制作 VI 设计 平面设计项目实战 包装设计
动画设计师	1. 动画设计的基本流程 2. 善于收集信息，有独到的思想创意 3. 能进行二维片头动画、Flash 游戏、电子贺卡、Flash MV、Flash 广告、电视动画短片的设计与制作 4. 素材的收集整理 5 三维动画编辑软件的基本应用 6. 建筑动画、角色动画等的设计与制作能力	程序设计基础 Flash 动画制作技术 3DS Max 动画制作技术 二维动画制作 Maya 动画设计及应用
数码影像设计师	1. 能根据数码照片效果进行照片的修复、美化处理 2. 良好的色彩运用能力 3. 设计艺术照片版式的能力 4. 设计制作艺术照相册模板的能力 5. 能设计制作电子相册	图形图像处理 矢量图形设计与制作 摄影

职业岗位	能力要求	课程名称
影视特效合成师	1. 能够熟练应用影视合成软件 2. 进行动画后期特效设计与制作的能力 3. 能对给定动画或视频素材进行剪辑与合成 4. 发布和输出影视作品的能力	动画后期合成与特效制作 三维动画制作项目实战
办公文员	1. 良好的沟通能力和服务意识 2. 办公软件处理的能力 3. 办公文档的处理及管理能力 4. 办公设备使用及维护的能力 5. 组织协调能力 6. 良好的职业操守和个人修养	计算机应用专业认识实习 办公应用 计算机专业英语
美术编辑	1. 熟练各种图文混排处理 2. 有规划和设计图书、报纸、期刊等出版物的封面和版面的能力 3. 能够根据版式要求选用图片进行编排 4. 有设计插画的能力 5. 能够校对封面、版面和插画 6. 有制作网页页面效果图和网页应用图片处理的能力 7. 能够根据客户需求，进行网站 Logo、Banner、前导动画设计的能力。	三大构成 图形图像处理 网页设计与制作 手绘 POP

三、项目化课程体系构建

（一）构建思路

以企业实际操作的岗位需求为目标，强化平面广告设计与制作、影视后期制作和动画设计制作能力的培养，构建具有工学结合特色的课程体系。

本专业的核心课程有：平面广告设计与制作、VI 设计、包装设计、平面设计项目实战、二维动画制作、Maya 动画设计及应用、动画后期合成与特效制作、三维动画制作项目实战等。在学院国家示范校建设过程中，按照职业教育的要求和高技能人才培养规律，已对平面广告设计与制作、二维动画制作等课程教学内容进行了系统改革，并取得初步成果。

按照"课程、证书、岗位"的原则，准备建设矢量图形设计与制作课程、图形图像处理课程，增加大量职业岗位实例，加上已建有一定基础的平面广告设计与制作课程，整体提高学生的职业能力，目的是让学生通过课程学习拿到广告设计师资格证书。

按照"工学结合、校企合作"的原则，准备对平面设计项目实战、三维动画项目实战等课程进行重构，将课程开发放在对口企业中完成，并聘请企业技术骨干、专家授课。

新完善的专业课程体系主要包含平面设计方向和动画制作方向，每个专业方向包含 4 门核心课程。平面设计方向的专业课程不变，但课程内容和教学方式要进行全面改革，并在平面广告设计与制作课程中增加广告策划的知识内容。同时，根据企业调研，将原动画设计方向改为动画制作（三维动画、影视后期合成）方向，课程中增加动画后期合成的教学内容，并在专业选修课中增加摄影与摄像课程的内容和学时，以辅助提高学生的动画制作加工能力。

（二）结构框架

本专业根据实际工作岗位对职业能力的需求，构建"三段进阶式"课程体系和专业课程结构。

1. 计算机应用技术专业"三段进阶式"项目化课程体系

计算机应用技术专业"三段进阶式"项目化课程体系如表 3-12 所示。

表 3-12 计算机应用技术专业"三段进阶式"项目化课程体系

职业岗位进阶	计算机初级操作员	平面广告设计员 动画设计员 网站初级开发员	平面设计师或动画设计师
职业岗位对应新增职业能力	计算机基本操作能力 计算机初级维修能力 电子办公处理能力 初级网络使用及维护能力 初级编程能力	美术设计理论知识 制作平面海报能力 处理位图图片能力 制作简单二维动画能力 制作简单三维动画能力 制作简单三维室内效果图能力 制作网站前台能力	书写广告设计文案的能力 设计并制作各类平面广告能力 设计并制作包装平面展开图及立体效果图能力 设计并制作书籍装帧画册能力 设计并制作标志能力 设计并制作企业视觉识别系统能力 （或导演并制作二维及三维动漫影视短片能力、设计并制作二维及三维动画广告作品能力、设计并制作三维装修效果图能力、处理多媒体影视后期能力）
职业能力对应课程设置	办公应用 程序设计基础	三大构成 图形、图像处理 Flash 动画制作技术 矢量图形设计与制作 3DS Max 动画制作技术 计算机辅助设计 计算机专业英语 网页设计与制作	大学语文 平面广告设计与制作（二维动画制作） VI 设计（Maya 动画设计及应用） 包装设计（动画后期合成与特效制作） 字体设计 平面设计项目实战（三维动画制作项目实战） 顶岗实习
开设课程	第一学年	第二学年	第三学年

2. 计算机应用技术专业课程结构

（1）计算机应用技术专业课程学分结构

①单开实践课程（共 42 学分）

a. 入学教育（1）。

b. 军事训练（3）。

c 认识实习（1）。

d. 图形图像处理（1）。

e. Flash 动画制作技术（1）。

f. 矢量图形设计与制作（1）。

g. 3DS Max 动画制作技术（1）。

h. VI 设计（1）。

i. Maya 动画设计及应用（1）。

j. 包装设计（1）。

k. 动画后期合成与特效制作（1）。

l. 毕业设计（10）。

m. 毕业教育（1）。

n. 顶岗实习（18）。

②专业基础与专业课（共 82.5 学分）

选修课程：

a. 摄影 / 手绘 POP（2）。

b. 动态网页制作 Java 程序设计（4）。

限选课程：

a. 平面广告设计与制作 / 二维动画制作（6.5）。

b. VI 设计 /Maya 动画设计及应用（5）。

c. 包装设计 / 动画后期合成与特效制作（4）。

d. 平面设计项目实战 / 三维动画制作项目实战（8）。

必修课程：

a. 办公应用（6）。

b. 程序设计基础（6）。

c. 三大构成（6）。

d. 图形图像处理（5）。

e. Flash 动画制作技术（5）。

f 矢量图形设计与制作（5）。

g. 计算机辅助设计（5）。

h. 3DS Max 动画制作技术（5）。

i. 计算机专业英语（4）。

j. 网页设计与制作（4）。

k. 字体设计（2）。

公共基础课（共 28.5 学分）：

a. 大学英语（8）。

b. 体育与健康（4）。

c. 思想道德修养与法律基础（3）。

d. 高等数学 B（4）。

e. 大学语文（3）。

f. 毛泽东思想、中国特色社会主义理论体系概论（3.5）。

g. 职业指导与创业教育（3）。

自主学习课程：

a. 社会实践活动。

b. 应用技术研究介入计划。

c. 资格认证。

d. 专业竞赛。

e. 讲座。

公共选修课：

a. 经济与管理。

b. 哲学与社会学。

c. 文学与历史文化学。

d. 艺术与体育。

e. 专业技术基础。

（2）计算机应用技术专业课程说明

①必修课程

·办公应用。本课程的教学目标是使学生了解常用计算机的基础知识，学会简单网络搭建，熟练掌握微机操作 Office 基本应用与操作。主要教学内容包括计算机的组成、操作系统、网络搭建、Word 图文处理、Excel 数据处理、PowerPoint 幻灯片制作等。

·程序设计基础。本课程的教学目标是使学生理解程序设计的基本技术、基本方法、常用的算法及技巧；能运用 C 语言熟练进行程序设计。主要教学内容包括数据类型、运算符、常量、变量、选择结构、循环结构、数组、文件操作等。

·三大构成。本课程是计算机应用专业的专业必修课。通过构成发展的历程、构成中的形式语言、构成的造型要素 3 个学习项目的学习和分析，充分进行直观的多媒体教学以及用网络手段来搜集整理素材，并在项目实训环节全程给予学生专业支持。使用快乐教学法、信心建立法、案例教学法、项目教学法、小组合作学习法等增强学生的团队协作意识和交流沟通能力。经过各种方式方法的探索，逐步形成一套适合高职学生素质的行之有效的方法，以调动学生的学习热情，形成班内交流、课外互动的良好学习风气。

·图形图像处理。本课程是计算机应用技术专业的专业必修课。通 Photoshop 基本图形图像绘制、抠图技术、数码照片处理等学习项目的分析和学习使学生掌握 Photoshop 软件的基本操作方法、使用技巧等知识，能够熟练运用该软件进行图形图像处理和简单平面作品的制作。采用项目教学法和分组教学法等多种教学方法进行授课，培养学生自主分析问题、解决问题的能力，使其具备良好的与人沟通和团队协作能力。

·Flash 动画制作技术。本课程是计算机应用技术专业的专业必修课。通过小人跑步、风吹字、翩翩起舞的蝴蝶、百叶窗等典型案例的制作使学生在熟悉 Flash 工作环境、工具使用的同时，掌握 Flash 逐帧、补间、引导线、遮罩等各类动画制作的基本理论、方法与技巧；通过动感相册、魔幻效果等 Flash 特效的设计与制作使学生掌握 Flash ActionScript 常用函数的使用方法与技巧。通过本课程的学习使学生具备 Flash 软件的应用能力，具备初级动画设计师的岗位工作能力，并为二维动画综合项目开发打下良好的基础。

·矢量图形设计与制作。本课程是计算机应用技术专业的专业必修课，通 CorelDRAW 基本造型设计、CorelDRAW 卡片设计、CorelDRAW 文字特效、CorelDRAW 海报设计、Illustrator 文字特效、Illustrator 插画设计、Illustrator 商业作品设计等 7 个主要项目的学习，使学生掌握矢量图形的概念、特点和用途，能熟练操 CorelDRAW、Illustrator 两常用矢量图形设计软件，能独立设计包括标识、卡片、平面海报、包装展开图、产品画册及 VI 等各种平面矢量图形作品，从而能够胜任平面设计师岗位的工作。

·计算机辅助设计。本课程通过工程制图、机械制图、建筑设计、产品设计等学习项目，使学生掌握 AutoCAD 的基本理念和基本概念、二维图形绘制与编辑、辅助绘图工具、文本与尺寸标注、图块、图案填充、设计中心与综合绘图、三维绘图与编辑等知识，培养学生从简单到复杂、由平面图到立体图的设计制作能力。

·3DS Max 动画制作技术本课程是计算机应用技术专业的专业必修课。通过 3DS Max 基本造型设计、3DS Max 灯光材质、3DS Max 特效制作、3DS Max 动画制作 4 个主要学习项目的学习，使学生掌握 3DS Max 各个功能模块以及三维设计和制作的相关知识，能够进行效果图的制作、动画短片的制作、动画广告的制作，为其日后的深入学习和从事三维动画设计工作实践打下良好的基础。

·计算机专业英语。本课程通过计算机基础、计算机硬件、计算机软件、办公自动化、网络资源、多媒体介绍等学习项目使学生掌握计算机技术基础、系统和应用等方面的专业词汇知识，培养学生了解计算机屏幕的英文信息、菜单、帮助文件及出错信息，基本能够阅读和翻译计算机的软硬件手册、资料和说明书的能力。

·网页设计与制作。本课程主要讲授利用 Dreamweaver 进行 Web 页面设计制作的方法。通过理论学习和上机实践使学生形成网页创意设计的基本理念，正确选用工具和命令，熟练应用各种技能技巧，按照网页设计制作的流程，结合相关的应用软件 Photoshop、Flash 等，具备设计、制作网页的能力。

·字体设计。本课程是计算机应用技术专业选修课程。通过艺术字设计、变形字设计、多个字体的组合设计、POP 字设计、书法字设计、文字与图案的组合设计、特效字设计 7 个主要学习项目的学习，结合理论知识讲解，使学生掌握文字的发展历史、文字的种类、文字的设计原则，能利用图形图像制作软件设计及制作适用于各种平面作品的各种造型、用途文字，能独立进行文字类标识设计，从而达到成为平面广告设计师的技能要求。

②专业限选方向及课程

a.专业方向一：平面设计方向

专业方向说明：

本专业方向旨在培养学生成为各类平面设计与制作的高技能应用型人才，课程组合为平面广告设计与制作、VI设计、包装设计、平面设计项目实战等。

专业方向限选课程说明：

·平面广告设计与制作。本课程是计算机应用技术专业的专业限选课，通过使 Photoshop、CorelDRAW、Illustrator 软件进行 DM 广告、报纸广告、杂志广告、宣传海报、户外广告、OP 广告等各种典型真实企业项目案例的学习与设计制作，使学生了解并掌握平面广告的概念和特征、平面广告的设计理念和设计方法、广告策划方法和设计流程，能独立进行平面广告的设计与制作，获得创意思维能力、交流沟通能力、广告策划能力、项目协作能力、独立创作能力，培养能够胜任平面广告设计师工作的能力。

·VI 设计。本课程是计算机应用技术专业的专业限选课，通过 VI 设计基础知识的学习，使学生掌握 VI 设计基本原理，从而明确设计目的，把握设计内涵及基本理念，熟悉企业形象设计的基本理论和基本方法，并确立现代图形设计观念，具备市场调研能力、形象策划宣传能力、形象创意设计能力、形象的系统应用与开发能力。培养学生创造性的设计思维方法，掌握运用现代设计表现手段，为学生今后能够具备从事现代企业整体形象的策划、宣传、设计能力奠定基础。

·包装设计。本课程是计算机应用技术专业的专业限选课，通过包装设计材料、包装容器设计、纸盒包装结构、包装设计的印刷工艺、系列化包装设计等项目的学习使学生全面掌握包装设计理论及设计流程中设计策划、设计创意、方案执行、软件操作技巧等内容，对包装材料与结构、现代包装的分类、印刷流程等内容有系统的了解。通过本课程的学习，学生能从艺术设计的角度出发，根据商品的特点、销售方式，结合市场学、消费心理学，从商标、色彩、文字、图形、构成等视觉传达设计方面着手设计，紧跟不断变化的商业市场，具备胜任系列化、礼品、传统化等各种包装设计工作的能力，同时培养他们创新、开拓的设计能力。

·平面设计项目实战。本课程是计算机应用技术专业的专业限选课，通过包装设计、画册设计、书籍装帧设计、企业系列宣传广告设计等企业平面设计的真实项目的学习使学生巩固平面设计相关课程的基础知识，掌握各种系列平面设计作品的制作方法与技巧，熟练应 Photoshop、CorelDRAW、Illustrator 等平面设计软件，设计并完成实际项目，掌握设计流程和设计技巧，实现在校学习与就业岗位零距离对接，培养学生具备技能型平面设计人员的基本技能。

b. 专业方向二：动画制作方向

专业方向说明：

本专业方向是为培养学生成为动画设计与制作且具备多媒体处理能力的高技能应用型人才而设置，课程组合为二维动画制作、Maya 动画设计及应

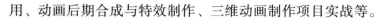

用、动画后期合成与特效制作、三维动画制作项目实战等。

专业方向限选课程说明

·二维动画制作。本课程是计算机应用技术专业的专业限选课，通过选取 Flash 应用面最广的贺卡、广告、片头、网站、游戏、MV、电视动画短片 7 个具有代表性的企业真实项目及仿真项目的学习使学生能够综合运用学习的动画理论知识，按照企业真实工作流程进行动画项目创作，掌握 Flash 各类典型动画项目制作的方法与技巧，培养学生自主学习能力、可持续发展能力和团队协作精神，使学生具备动画设计师岗位工作能力及职业素质。

·Maya 动画设计及应用。本课程是计算机应用技术专业限选课程，通过基本模型创建、复杂模型创建、角色建模、灯光与材质、动画制作 5 个主要学习项目的学习，结合理论知识讲解，使学生掌握 Maya 动画软件并进行模型的创建、灯光的设置、材质的制作、动画的制作；能够应用第三方软件进行素材的加工；能够进行音频视频剪辑和制作动画特效的能力，从而能够达到成为动画广告设计师的技能要求。

·动画后期合成与特效制作。本课程是计算机应用技术专业的专业限选课，通过关键帧动画、摄像机动画、影视特效、后期数字影视合成等任务的制作，使学生能够在真正的三维环境内交互地完成运动跟踪、设置关键帧、校正颜色、场景背景同步和渲染等工作。通过本课程的学习，使学生掌握 After Effects 软件的应用能力，具备动画特效制作、后期剪辑等工作能力，是学生成为后期合成师及影视后期剪辑师的必备课程。

·三维动画制作项目实战。本课程是计算机应用技术专业（动漫方向）的专业核心课，通过选取三维动画应用较广的建筑漫游动画、影视广告片头动画、栏目片头动画、宣传广告动画等企业仿真项目和真实项目的学习使学生能够熟练应 Photoshop、3DS Max、After Effects、Premiere 等软件，并按照企业实际工作流程进行三维动画项目创作，掌握三维动画及后期合成的制作方法和技巧，培养学生自主学习能力、可持续发展能力和团队协作精神，使学生具备三维动画师、动画特效制作师、剪辑师等技术性动画制作人员的职业岗位工作能力和职业素质。

③专业选修课程

·摄影。本课程是计算机应用技术专业的专业选修课，通过人像摄影、外景拍摄、数码后期制作等项目的学习使学生掌握摄影与曝光、摄影用光、摄影构图等摄影基础知识、摄影艺术发展简史、相机知识、分类摄影创作技巧等相关理论和基本技能，提高审美情趣，为学生的艺术创作打下基础，同时培养学生能独立为商业宣传、商品广告、电脑美术设计提供丰富的媒体素材，提高实际动手拍摄能力。

·手绘POP。本课程是计算机应用技术专业的专业选修课，通过POP广告临摹（使用不同的工具材料手绘临摹设计制作好的POP广告）、装饰设计技法运用（运用装饰设计技法手绘冷饮类POP广告）、POP广告的电脑设计制作（电脑设计制作冷饮类POP广告）等项目的学习使学生在短期内受到美术色彩、艺术字体、海报设计等多方面的综合培训，并能掌握POP字体书写技法、绘图插画、色彩搭配、版式变化等制作海报方面的手绘技术及运用平面软件完成POP广告的技能，培养学生未来从事商业宣传、商品广告工作的基本能力。

·动态网页制作。本课程是计算机应用技术专业的专业选修课，通过讲授动态网页运行后台服务器的建设和管理使学生了解并掌握HTM语言基础、简单的脚本语言、ASP内置对象、AP组件、ADO.NET等内容，通过利用ASP创建动态Web和开发功能强大的Web应用程序的训练使学生具备使用ASP技术制作动态网页的能力。

·Java程序设计。本课程是计算机应用技术专业的专业选修课，通过Java程序设计语言基础和Java面向对象高级编程两个学习项目中的求解古典问题、数学问题、判断问题、图形绘制、图形用户界面等任务的学习使学生掌握Java运行环境JDK、Java语言基础、异常处理、图形用户界面设计、输入输出流、Java Applet等各项知识，培养学生的逻辑思维和编程思想，提高学生的初级程序设计能力，思考问题、分析问题、解决问题的综合应用能力和实际工作能力。

④单开实践课程

·入学教育。本课程是学生入学第一学期的课程，为了帮助新生尽快了解、适应大学生活，较快地实现从高中生活向大学生活的转变，在入学之初对学生介绍本专业的课程设置、授课计划、专业方向的划分、专业培养目标、专业就业面向岗位、专业发展新技术及趋势，主要以专业讲座形式开展，教育他们树立坚定而正确的政治方向和远大的成才理想，引导他们热爱学校和所学专业，自觉遵守校纪校规。课程中重点介绍就业岗位及本专业的职业资格认证情况，同时介绍历届毕业生发展状况，以激发学生对专业的热爱和学习的热情。

·计算机应用技术专业认识实习。本课程通过学生到本专业所面向的企事业单位进行为期一周的有目的的参观学习使学生在学习专业限选课程之前建立对专业方向就业岗位的感性认识，了解平面设计制作、动画设计制作及相关工作的环境以及工作的基本过程，充分了解专业及岗位技能要求，从而为专业学习打下良好和坚实的基础。实习结束后要求每位学生写一份实习报告或以班级为单位组织座谈，总结参观实习中学到的知识、感受以及对本专业的认识。指导老师根据学生的实习态度、考勤情况、要求完成的实习任务以及实习总结综合评定实习成绩。

·课程设计 1 ：图形图像处理。单开实践课是图形图像处理课程中重要的实践环节。该实践课主要模拟真实工作流程，学习制作电子相册。学生分成小组合作，通过数码影像效果处理、相册模板制作、后期合成的学习和分析使学生掌握电子相册制作必要的专业知识、企业常识，培养自学、互学、可持续学习发展的能力，培养团队协作精神。

·课程设计 2 ：Flash 动画制作技术。熟练掌握 Flash 动画制作技术是学生成为 Flash 动画师、角色造型师、道具设计师的基本能力要求，本课程设计以项目创作为主，综合运用学过的理论知识和专业技能，用 Flash 软件进行 Flash MV 等小型项目的设计。课程设计以项目小组为单位分工合作完成，使学生对 Flash 动画制作技术有更深的理解和运用，主要培养学生团结协作、爱岗敬业的品德和良好的职业道德素质，提高学生的自我学习能力，为学生的继续学习打下基础。

·课程设计 3 ：矢量图形设计与制作。学生通过参与接受任务、小组分工、素材整理、设计创意、完成设计作品输出等完整的工作流程与他人合作完成整套矢量图形商业 VI 设计作品，了解企业真实工作流程，在小组合作中充分展现自己的能力，学习他人的优点，发现自己的不足，从而为接下来的学习确定方向。

·课程设计 4 ：3DS Max 动画制作技术。学生通过参与"栏目片头动画短片"制作任务、小组分工、素材整理、设计创意、完成设计、作品输出等完整的工作流程与他人合作完成完整的 3DS Max 动画设计作品，了解企业真实的工作流程，在小组合作中养成独立思考、自主学习的能力，以及语言表达、与人沟通的能力。

·课程设计 5 ：VI 设计。单开实践课是 VI 设计课程中重要的实践环节。主要采用项目设计为主，综合运用所学知识，以项目小组为单位分工合作一个 VI 设计项目。通过项目的完成，培养学生团结协作、敬业爱岗的品德和良好的职业道德素质，使学生能够使 Photoshop、CorelDRA 以及 Illustrator 软件熟练地进行企业形象设计制作，对于 VI 设计课程的基础知识有更加深入的理解和运用，提高学生的自我学习能力，培养学生互相合作的意识，为学生的继续学习打下良好基础。

·课程设计 6：Maya 动画设计及应用。学生通过参与接受"角色动画短片"制作任务、小组分工、素材整理、设计创意、完成设计、作品输出等完整的工作流程与他人合作完成完整的 Maya 动画设计作品，了解企业真实工作流程，在小组合作中养成独立思考、自主学习的能力；培养语言表达、与人沟通的能力；充分学习他人的优点，发现自己的不足，从而为接下来的学习确定方向。

·课程设计 7：包装设计。单开实践课是包装设计课程中重要的实践环节。本课程以项目设计为主，通过系列化包装设计帮助学生综合运用所学知识，并以项目小组为单位分工合作各项目。通过项目的完成，培养学生团结协作、敬业爱岗的品德和良好的职业道德素质，使学生能够使用相关软件熟练地进行商品包装设计，对包装设计课程的基础知识有更加深入的理解和运用，并具备综合分析和开发的能力，提高学生的自我学习能力，培养学生互相合作的意识及从事包装设计工作的基本技能。

·课程设计 8：动画后期合成与特效制作。动画后期合成与特效制作是学生成为后期合成师、影视后期剪辑师的必修课程。本课程设计以项目创作为主，旨在让学生综合运用学过的知识及 AE 软件熟练地进行企业形象片、宣传片、产品广告等的制作。课程设计以项目小组为单位分工合作完成，使学生对影视后期制作课程的基础知识有更加深入的理解和运用，并具备综合分析和开发的能力，从而培养学生团结协作、敬业爱岗的品德和良好的职业道德素质，提高学生的自我学习能力，为学生的深入学习打下良好基础。

·毕业设计。毕业设计是计算机应用技术专业的单开实践课，是教学过程最终阶段重要的实践教学环节。根据专业培养目标及教学基本要求，让学生围绕动画与平面设计相关领域，通过独立或合作的方式完成一个综合项目的设计，并结合项目独立撰写一篇能反映专业前沿领域或新观点、新技术的毕业论文。毕业设计应充分体现本专业培养目标和业务规格的基本要求，着重培养学生综合运用所学知识和技能，独立分析和解决实际问题的能力，以达到能力训练的目的。选题应与专业方向相结合并符合学生的就业方向，做到毕业设计与学生就业相结合。

·毕业教育。毕业教育是计算机应用技术专业的单开实践课，是学校学生工作的重要组成部分，是学生培养教育的重要环节。通过一系列讲座向学生传达就业政策，加强对毕业生的遵纪守法教育和知校、爱校、文明离校教育，引导毕业生树立正确的择业、就业和创业观，保证毕业生文明、愉快地离校。同时，积极引导广大毕业生通过一些有意义的活动给自己留下美好的记忆，给同学留下集体的温暖，给母校留下美好的印象，给低年级同学树立良好的榜样，以实际行动践行德育品牌。

·顶岗实习（000040005）。顶岗实习是计算机应用技术专业的单开实践课，是学生毕业走向工作岗位前的最后一个实践环节，既是对校内教学的深化和补充，又是学生对所学技能的实际应用。通过对学生在顶岗实习岗位工作表现的综合评定，结合顶岗实习业务报告和顶岗实习日记，对学生进行全面考核，所获学分记入学生总学分，侧重培养学生处理工作实际问题的能力，并通过社会调研，巩固和提高学生所学的专业知识和岗位技能，为学生毕业后走上工作岗位奠定基础。

（三）配套建设

1.项目课程考核与评价改革

评价包含四部分：一是课程方案的评价，重点研究在项目化课程体系中如何对课程计划、课程目标和课程标准进行评价；二是对课程准备的评价，即对教师个人的知识准备、教学资料、设备准备的评价等；三是对课程教学的评价，主要探讨在新课程体系中如何对教师的教学设计、课堂设计、教学能力进行评价；四是对课程效果的评价，即对学生职业技能与职业素质的评价。

项目化课程评价方案具体内容的实施分别在课程质量的四个控制点进行，通过评价对课程实施全程质量管理。

·课程目标与课程计划的评价。主要包括课程设计的意义，开设课程的必要性和现实性，通过该课程希望达到什么样的目标，这些课程目标与本专业人才培养目标的一致程度，课程目标实现的基础，课程标准的科学性、适用性、时代性等。

·课程准备与投入评价。主要判断教师开设课程的准备程度是否符合教师任职标准。包括教师个人的知识准备、教学资料的准备、教学组织与教学安排、实验参观调查等。以课程计划、教学设计、讲义等为主要标志性信息。

·课程实施过程评价。主要是对课堂教学过程的评价，包括对教师的评价和对学生的评价。教师评价侧重了解教师的教学态度、教学方法、教学水平，对学生的评价侧重了解学生的兴趣、感受等。收集信息的手段是学校组织同行专家听课，对学生进行随堂问卷调查等。

·课程实施效果的评价。主要是了解课程实施以后是否达到了原来设计的教育目标，还存在哪些偏差，下一轮应当如何改革。收集信息的主要途径是考试结束以后对学生进行问卷调查，征询专家、同行教师、教学管理部门的意见等。

根据项目化课程的要求设立新的评价标准，即按照以下三个标准进行评价：第一，突出"能力目标"，改变以往课程方案评价中"以传授知识"为目标的评价取向；第二，课程效果的评价以学生为主体，而不是以教师为主体，且在考核过程中，学生必须充分行动起来，自己动手动脑操练；第三，考核必须有明确的任务，使学生通过完成职业岗位上的任务展现解决问题的能力水平，并以获得实际成果作为考核标准。

在评价模式上，实行教师评价、学生自我评价和相互评价、专家评价相结合，作品设计与答辩相结合，过程考核与期末考核相结合。在评价主体的选择上，打破传统的由任课教师进行课程评价的方式，邀请校外专家、行业企业专家、教师以及学生共同评价（表3-13）。

表3-13　项目课程评价模式

评价类型	评价方式	评价主体	考核内容	分数比例/%
过程考核成绩	学生自评、互评和教师评价	课教师、学生	理论知识、基本技能、学习态度、实训态度	40
期末考核成绩	作品设计	专家、任课 教师、学生	知识的应用、基本技能和综合能力	60

具体的项目课程考核与评价实施方案如表 3-14 所示。

表 3-14　项目课程考核与评价实施方案

评价	校外专家	工作任务评价	随机抽取各工作学习小组提交的作品做出点评,学生以此为标准继续修改、完善作品	100 分 / 项目
	教师评价	项目评价	以小组为单位,根据项目完成情况,给出总体评价,通过书面形式总结项目优缺点,并给出成绩	50 分 / 项目
		课堂表现评价	以书面形式总结每位学生在课程实施过程中的课堂表现,并给出相应成绩	50 分 / 项目
	学生评价	学生自评	每完成一个项目,学生要提交自评表,说明在本项目中所承担的任务及完成情况,并对自己的表现出一个书面评价,给出自评分	100 分 / 项目
		学生互评	每完成一个项目,项目小组成员要针对其他组员在项目完成过程中的表现、个人能力做出简单的书面评价,并给出相应成绩	100 分 / 项目
考核	过程考核	综合素质考核	通过对学生在本学期内的出勤情况、课堂提问成绩、课上交流的个人表达能力测试、实习报告的完成情况给出该生本课程的职业素质成绩	40 分
		项目考核	每完成一个项目,根据项目中任务书、设计书、作品设计的完成情况,给出该组学生的项目考核成绩	10 分 / 项目 共 60 分
	期末考核	职业能力考核	期末考试以项目设计的形式进行,以个人为单位,而不再是小组分工合作的形式,结合整个项目的完成效果,给出该生的期末成绩	100 分
总成绩	平时考核 ×40%+ 期末考核 ×60%= 总成绩			100 分

2. 项目课程教材建设

(1)教材建设的总体规划及工作思路

在确定"项目化""综合化"的教材编写原则后,共分三期规划。第一期开发一套包括《二维动画制作项目实战》《平面设计项目实战》《网站前台设计项目实战》《三维动画设计项目实战》等在内的综合项目化教材。第二期要开发的专业项目教材包括《图形图像处理》《计算机辅助设计》《矢量图形设计项目实战》《平面广告设计与制作》等。其他教材均列为三期改革计划中。

采取"走出去、请进来"相结合的工作方式，校企共建教材。下面以《二维动画制作项目实战》为例，介绍教材的编写方案。

·企业调研。教材组先后到吉林省电视台、长春中加知合动画产业有限公司、吉林省铭英动漫设计有限公司、长春苹果堂动画设计有限公司等进行调研，与企业专家一同对不同类型的 Flash 二维动画项目制作的工作流程进行分析，提取典型的 Flash 二维动画制作流程，结合地方文化产业发展及对动画应用领域的调查，确定本课程的核心动画产品为网络动画和电视动画。

·企业实践。教材组教师分别到长春中加知合动画产业有限公司、沈阳冰锋网络游戏有限公司、东北创意产业研究院等企业实践，参加企业二维动画项目开发，深入了解企业各个工作岗位对知识、能力、素质的要求，同时获取了企业真实项目。

·教师培训。教师只有具备先进的教学理念及课程开发和设计能力，才能编写出职业特色鲜明的教材。为此，课程组教师参加了由高职高专师资培训基地组织的"高职院校课程与教材建设的开发与实践""高等职业教育课程开发技术""工学结合职业教育课程开发的实践与理论"等培训，为教材组织、编写及教学应用提供了理论基础。

·召开专家座谈会。教材组邀请长春中加知合动画产业有限公司、吉林省铭英动漫设计有限公司等企业的专家对项目选取、体例确定、样章确定等环节进行严格审核，并广泛听取他们的意见，以保证教材对知识、技能训练要求与企业的符合度。

·外聘企业教师授课。聘请长春中加知合动画产业有限公司、吉林省铭英动漫设计有限公司等企业的技术工程师参与课程建设，并担任专业课程授课教师，教材组教师随堂听课，学习其在授课过程中渗透及讲解知识、技能、素质要求的方式方法，以便更好地将其融入教材开发过程中。

（2）教材建设的原则及具体内容

项目化教材开发充分考虑学生就业的实际需要，在内容上精心挑选企业真实项目，透彻分析工作流程，将每个项目分解成若干个工作任务进行设计制作，旨在让学生了解一个工作项目在实际工作时的具体操作流程和操作方法，体现出很强的实用性和指导性。

项目化教材开发力求突出三个创新点：一是在教材中创设企业项目开发的完整环节；二是教材中的基本能力训练项目体现完整的实际工作流程；三是通过教材的拓展能力训练项目使学生更多地参与完整项目开发，进而提高学生的岗位工作能力，提升学生的行业意识和良好的行为习惯。

　　下面以《二维动画制作项目实战》教材编写为例进行说明。

　　第一，教材内容的选取。本着校企深度融合的设计思想，落实工学结合的教学模式，编写项目化教材。教材内容以企业真实项目为载体，以 Fash 动画设计制作流程为导向，把岗位能力培养融入教材项目编写中，以企业岗位能力要求规范单项任务。教材内容选取遵循 4 个原则：针对动画企业工作岗位的能力要求选取内容；针对动画企业核心开发技术和实际应用选取内容；针对不同行业动画的应用选取内容；将企业真实项目作为教学内容。

　　第二，教材内容设计。根据动画行业企业发展需要，结合地方文化产业发展及对 Flash 动画应用领域的调查，将本教材的核心内容确定为网络动画和电视动画。通过教师企业实践、校外实训基地的导演、动画师的指导和参与来获得来自企业的工作项目。在众多的项目中，遵循项目的代表性、完整性、难度适中、设计方法普适、包含企业岗位所需知识以及项目功能可扩展的原则，将本课程的教学内容进行分解、提炼和排序，按照理论知识由浅入深、项目能力逐次递进的原则开发了 7 个教学项目。

　　这 7 个学习项目均为典型的工作项目，项目设置由易到难，理论知识由浅入深具有如下特点：以动画职业岗位能力培养为主线，以企业真实项目为教学内容；按照动画企业真实的实施流程设置学习任务，教、学、做相结合，理论实践一体化；以真实项目为依托，合理设置实训实习环节，提高学生的实战能力。

　　在《二维动画制作项目实战》教材编写过程中，教材组教师先研讨讲义编写计划，确定讲义编写方案，制定讲义，编写提纲，明确人员分工、工作进程及时间安排，然后聘请行业企业专家共同确定教材的内容、编写体例，再按计划进行讲义编写。《二维动画制作项目实战》讲义前四个章节精选典型动画案例，从基础与应用的角度对 Flash 动画的功能、使用方法与制作技巧进行深入、生动、细致的描述；最后一个章节精选小型综合项目开发，是企业动画项目真实、完整的体现。整个讲义将理论知识和实际操作进行了充分融合，每个案例都有详尽的案例说明、知识点描述和操作步骤，内容翔实、实用性强，并配有应的图片，操作一目了然。通过一个学期的实践应用，教师总结，学生反馈，行业企业深入调研，校企共同对讲义进行了修订，力求突出"项目化""综合化"，使职业特色更为鲜明。

　　在项目设计过程中，透彻分析工作流程，按企业的工作流程将每个项目分解成若干个工作任务，尽可能地将枯燥的理论讲解融入每个任务当中，内容涵盖贺卡、Flash 广告、Flash 片头动画、Flash 游戏、Flash 网站、Flash

MV、Flash 动画短片 7 类应用广泛的动画项目，每个项目的项目概述、基本能力训练、拓展能力训练和思维开发训练四个环节彼此独立又前后呼应，有助于学生自主学习能力、可持续发展能力的培养与提高。

本教材共设 126 学时，完成 7 个项目，每个项目内容均涵盖作为动画人员要完成的编写剧本、绘制脚本和原画、调整中间画、设定角色背景风格和动画制作、视音频合成等工作环节，教材内容由易到难，使学生的职业能力在学习中不断提升。例如，该教材项目七"电视动画短片"中包括 3 个训练子项目：基本能力训练项目——笑话《踩地雷》，包括作品策划及剧本编写、人物造型设计、场景设计、素材准备、动画制作、文件的优化及发布 6 个工作任务；拓展能力训练项目——电视动画短片《家有儿女》；思维开发训练项目。

（3）教材配套资源的建设

为优化课堂结构，提高课堂教学效率，保证课堂教学质量，根据教材内容制作与教材配套的多媒体课件，旨在通过文字、图像、音频、视频等形式激发学生学习兴趣。课件辅助教学突破了时间与空间的限制，化静为动，化无形为有形，充分展现了企业的工作流程，使学生真实感受到企业的工作环境。

教材组教师精心设计了全套教学资料，包括教学网站、案例库、素材库、实习指导书、任务书、课程教学实施方案设计、教学录像、教材光盘等资源，并借助学院先进的校园网为在校学生提供自主学习平台，也为企业和社会提供稀缺的行业教学资源和互动的交流平台。

3. 实训基地建设

（1）实训基地结构及布局

组建校内实训基地，加强校内实习机房设备配置，配合企业仿真教学案例，努力为学生营造真实的工作场景和情境，使学生能够在学习的不同时间和不同阶段都有合适的实验实训地点。校内实训基地主要包括平面制作实训室、动画制作实训室和非线性编辑实训室，用来保证学生完成学期内课程的实训项目。另与长春市多家企业组成联合实训基地，设计了一系列实训项目，为学生假期的实习和顶岗预就业提供了保障。

（2）实训基地教学形式

根据实训室和实训基地的机器、人员配置等具体情况确定其主要完成三方面职能：基础能力训练、专项能力训练、综合能力训练，具体如表 3-15 所示。

表 3-15　实训基地教学形式

教学训练形式	开展方式	备　注
基础能力训练	公共基础课、专业基础及专业课	操作能力、自学能力、沟通能力等基本能力素质的训练；分学期，按照教学计划进行
单项能力训练	课程设计	专业岗位知识能力训练，同时加强创造、团队合作能力等方面的培养；单开实践课，集中实训
	专业职业资格认证	通过自主学习以及专业职业资格认证考试获得证书
综合能力训练	顶岗实习	依托分院"校企联盟"，安排学生去校外实习基地参观学习或顶岗实习，让学生在真实的工作环境中了解企业实际工作流程、体验企业文化的要求，提高对所学专业知识的自动整合能力，同时培养吃苦耐劳、踏实稳重的工作作风以及乐观积极的人生态度
	毕业设计	综合运用所学专业知识提高知识的综合运用能力

4.师资队伍建设

要求建设具有双师结构、以专业带头人为典范、以中青年骨干教师为主体的教学团队，专兼职教师比达到 1：1，要求所有教师均要获得相应职业资格证书，并具备企业工作经历，专职教师中"双师型教师"比例达到100%。任课教师的学历、年龄、职称结构比较合理。

（1）师资队伍的双师素质要求

在师资队伍建设过程中，明确提出专业带头人、骨干教师、兼职教师的评聘标准，如表 3-16 所示；专兼职教师"双师素质"的要求，如表 3-17所示。

表 3-16　师资要求分析表

师　资	具体要求
专业带头人	专业带头人要有较强的科研和专业建设能力，对本专业所面向的行业及岗位进行调研，对专业人才培养方案和实训基地等方面提出具体实施改进建议，对专业发展动态、专业教学改革、课程建设等定期进行总结，至少完成一项院级及以上教学科研课题
骨干教师	骨干教师要求创新意识强，具有丰富教学经验，参与完成至少一项院级以上教学科研课题，要针对本学科课程开发教学课件
兼职教师	兼职教师为来自广告公司等企业一线岗位的技术精英，主要承担本专业课程的校内整周实训、校外企业顶岗实习等实践教学指导任务

表 3-17　专兼职教师的素质要求分析

专职教师的工程师素质要求	专职教师应取得与本专业相符的职业证书或技术等级证书 专职教师需要与社会企事业单位保持密切的联系，具有最新平面或动画设计制作实践经验、实践技术与能力，两年中要有三个月到专业对口单位实践锻炼 选派专职教师到国家级实训基地进修培训 专职教师要积极参与"产、学、研"活动，直接参加广告公司等企业的项目开发、项目设计、项目制作等工作 加强实践性教学环节，提高专职教师的专业实践技能
兼职教师的教师素质要求	兼职教师应起到沟通学生与社会的作用，并促进专职教师与社会的结合 兼职教师要具备扎实的专业理论基础和丰富的行业实践经验，具有良好的表达能力、沟通能力、教学执行能力，能够灵活把握课堂教学 兼职教师要具备较强的责任心，对教学工作认真负责，能够按时高效地完成教学任务

（2）师资队伍建设途径

第一，专业教师梯队化建设，加强青年教师队伍的培养。制定相应制度和培养计划，落实措施，注重发挥中青年教师的骨干作用，发挥年轻教师的优势，积极为骨干教师和课程负责人的成长创设条件，使其在教学实践中锻炼成长；实施有计划、有监督的新老教师"一帮一"结对子活动，指导年轻专业教师制定合理的职业生涯发展规划，同时制定切实可行并能及时督促实施的保障措施。

第二，加强教师业务能力和职业素质培训。积极建设自培基地，有效开展校本自培，主要通过校本培训和青年教师在职研修的方式持续稳定地提升教师的业务能力和职业素质。加大"双师型"和"双师素质"教师队伍建设，每年安排专业教师参加学术交流、课程研讨及各类新技术培训，学习国内外先进职教理论和应用技术并运用到课程教学实践中，鼓励教师考取相关职业资格认证证书，逐步实现师资建设发展目标。

第三，以科研促教学，以教学带科研，达到科研和教学的良性互动。在完成教学任务的同时，鼓励教师积极主动地从事本专业的研究工作，并定期在课程组内部进行座谈交流，将研究成果和心得与其他师生交流、分享。

第四，鼓励下厂实践，提高双师素质。适度加大教师下厂挂职锻炼和顶岗实践的范围，按所任课程与专业联系的紧密程度，为教师完成每两年至少三个月的专业实践任务创造条件，并制订、执行教师下企业轮训计划。逐步增加专任教师到企业挂职锻炼的时间，要求教师深入参与企业项目研发，注重将企业实际项目导入教学中。

第五，有计划地开展经常性的岗位练兵竞赛活动。专业教师的岗位技能要不断提高才能满足人才培养的需要。本专业定期开展"专业教师说课""专业课教案与教学设计""多媒体教学软件开发"等教师技能评比活动，组织教师进行汇报课、观摩课比赛，积极鼓励教师参加精品课评比、优秀课评比，针对所开展的活动给予一定的奖励并与教师的业务考核挂钩，激励教师立足岗位提升教学能力。

第六，以师生参加专业技能竞赛活动促进教师素质提升。积极鼓励教师指导学生参加各级各类专业技能大赛，并在积极参与和组织省、市专业赛事的同时，关注国家大赛及国际专业赛事。专业教师在指导学生的过程中提升专业素养，与同行和其他院校的同专业教师进行充分交流，延展知识深度和广度，提高专业技能水平，并把收获引入平时的实践教学中，同时鼓励学生积极参加竞赛活动。无论教师个人参赛还是指导学生参赛，争得荣誉的都有相应的奖励机制。

第七，积极开展社会服务项目，在服务中提升专业意识。把校园看作社会和行业的延伸，把社会和行业看作校园的延伸。通过对外社会服务项目的开展与实施，深化教师的专业认识和为社会发展服务的能力，从而更好地促进校企合作，带动教学改革。

四、具体项目课程建设案例

（一）基本信息

课程名称：二维动画制作。

课程学分：7 学分。

课程学时：126 学时。

课程类型：专业限选课。

授课对象：动画方向学生。

先修课程：二维动画基础训练、图形图像处理、动画后期特效制作、视音频编辑处理。

后续课程：三维动画制作、动画后期合成与特效制作。

（二）课程目标

通过本课程的学习使学生具备从事 Flash 二维动画制作相关岗位所必需的方法能力、社会能力及专业能力，培养学生工作岗位的适应能力，提高学生的职业素质。

技能目标：具备与客户沟通并根据客户要求对动画类型、风格及形式进行分析整理的能力；具备素材的收集、整理及策划创意剧本的能力；能熟练操作 Flash、Goldwave、Photoshop、After Effects 软件；具备设计与制作贺卡、广告 MV 动画、电视短片等类型动画的能力；具备音频剪辑和动画特效制作的能力，能够评价动画的制作效果。

知识目标：熟悉 Flash 二维动画项目开发的思想和企业动画制作的工作流程；掌握设计与制作贺卡、广告、MV、电视短片等类型动画的方法；熟悉进行音频剪辑和动画特效制作的方法。

情感与态度目标：培养学生与客户沟通的能力；培养学生独立思考、自主学习的能力；培养学生踏实肯干、认真做事、细心做事的态度；培养学生的团队协作意识；培养学生的表述、回答等语言表达能力；培养学生的可持续发展能力；培养学生的环保意识和节能意识。

（三）课程设计思路

本课程在教学内容的载体选取上注重项目的代表性、针对性与适用性，项目设置由易到难，理论知识由浅入深。宏观上采用引导文法，微观上采用任务驱动，将所有学习任务联系起来成为完整的教学项目，通过模仿、拓展、提高、实战四个进阶过程，把学生从一个新手培养成一个能手。

通过对本专业工作岗位的分析得出课程的设计思路：以真实 Flash 动画设计项目为驱动，在完成各种任务的过程中实现教学指导"能力化"。以学生为主体，因材施教，"教、学、做"相结合，强化学生创新设计能力、项目规划能力、研究性学习能力、自我发展，提升岗位综合技能，培养学生的职业素质。

将企业元素进行教学转化，以项目为载体设计课程。课程设计整体思路如表 3-18 所示。

表 3-18 课程设计思路图

企　业	学　校	思　路
真实项目 行业发展动态	自编项目 实时更新资源	课程内容 项目构建、实时更新
工作流程	模拟实施	教学过程 再现企业工作流程
岗位工作要求	角色扮演	课程设计 以工作过程为导向
专家评价	教师、学生评价及 考核	考核方式 以检验综合能力为目标
真实项目	课程网络平台	教学资源 保障课程实施
专家	教师	教学团队 保障课程实施

（1）开展岗位典型工作任务和学习任务分析。到企业对课程对应的工作岗位、工作任务及其对从业者职业能力和职业素质需求进行调研，提取具体工作岗位的典型工作任务，并聘请企业专家按照企业工作流程对典型工作任务进行职业性、实践性、开放性的分析，确定了面向 Flash 二维动画师工作岗位的具体学习情境（教学项目）下的学习任务。其企业工作流程如下：职业岗位分析—工作任务分析—典型工作任务提取—学习领域构建—教学项目开发—教学任务设计—职业行动能力。

（2）采用企业真实项目和原创项目构建课程内容。以培养技能型人才为目标，采用在电视、网络上广为传播的，深受学生喜爱的企业真实 Flash 动画项目和仿真项目作为课程内容，将企业元素融入整个教学中。从实训环境、工作任务布置、师生角色扮演、职业语言等多方面强化企业氛围；聘请企业专家到校授课，重视学生职业素质的养成；借鉴企业的管理运作模式，并将其融入课堂教学，强化学生的责任意识及团队协作能力培养。

（3）遵循学生职业能力培养规律组织教学内容。遵循学生职业能力培养的基本规律（即技术要求从易到难，职业能力不断提升）进行教学内容的组织。

在教学内容组织时，依据动画职业岗位所需要的知识、能力、素质要求，按照不同类型项目对技术的不同要求及各类项目进行序化，确定了技术、能力逐次递进的 7 个学习情境。各学习情境的工作任务、岗位能力指向及职业岗位指向如表 3-19 所示。

表 3-19　工作任务、岗位能力指向及职业岗位指向

序号	学习情境	能力训练工作任务	对应单项工作任务	职业岗位能力指向 职业岗位指向	课时
1.	贺卡	基本能力训练项目《生日贺卡》拓展能力训练项目《友情卡》思维开发训练项目	1. 作品策划及剧本编写 2. 场景设计 3. 角色设计 4. 素材准备 5. 动画制作 6. 文件的优化及发布	1. 能对卡片类型、风格、形式及流行信息进行调查、整理和分析，并形成书面报告 2. 能根据客户需要及市场调研结果设计出对应市场的贺卡产品 3. 能运用电脑软件制作符合企业要求的 Flash 卡片 4. 职业岗位指向：动画设计师	8
2	Flash 广告	基本能力训练项目《东滩寓园·山水居广告》拓展能力训练项目《Sony Ercson 手机广告》思维开发训练项目	1. 客户要求及广告创意文案编写 2. 素材准备 3. 动画制作 4. 音效制作 5. 文件的优化及发布	1. 能制作符合企业规范要求的广告创意文案 2. 能根据客户需要及市场调研结果设计对应市场的广告片 3. 能按工作过程设计制作广告片 4. 企业岗位指向：Flash 广告动画设计师	12
3	片头动画	基本能力训练项目《动感片头》拓展能力训练项目《个人网站片头》思维开发训练项目	1. 作品策划及剧本编写 2. 素材准备 3. 场景设计 4. 动画制作 5. 音效制作 6. 文件的优化及发布	1. 能制作符合企业规范要求的广告创意 2. 能根据客户需要及市场调研结果设计出对应需求的片头动画 3. 能按工作过程设计制作动画 4. 能配合第三方插件制作符合企业要求的 Flash 片头 5. 职业岗位指向：动画设计师	16
4	游戏设计	基本能力训练项目《赛跑游戏》拓展能力训练项目《拼图游戏》思维开发训练项目	1. 网站结构规划 2. 场景设计 3. 素材准备 4. 场景制作 5. 文件的优化整合及发布	1. 具备信息收集与处理能力、综合分析与解决实际问题的能力 2. 能根据客户需要及市场调研结果设计对应需求的游戏动画 3. 具备与人交流的能力，分工合作、团队协作能力，主动学习、自我发展能力 4. 职业岗位指向：Flash 游戏动画设计师	14

续 表

序号	学习情境	能力训练工作任务	对应单项工作任务	职业岗位能力指向 职业岗位指向	课时
5	网站设计	基本能力训练项目《水彩画坊》拓展能力训练项目《种花人在线》思维开发训练项目	1. 网站结构规划 2. 场景设计 3. 素材准备 4. 场景制作 5. 文件的优化整合及发布	1. 具备信息收集与处理能力、综合分析与解决实际问题的能力 2. 能根据客户需要及市场调研结果设计对应需求的网站动画 3. 具备与人交流的能力，分工合作、团队协作能力，主动学习、自我发展能力 4. 职业岗位指向：Flash 网页动画设计师	20
6	Flash MV	基本能力训练项目《分手的拥抱》拓展能力训练项目《那些花儿》思维开发训练项目	1. 作品策划及剧本编写 2. 角色设计 3 场景设计 4. 素材准备 5. 动画制作 6. 文件的优化及发布	1. 能制作符合企业规范要求的广告创意文案 2. 能根据客户需要及市场调研结果设计对应需求的镜头设计稿 3. 能按工作过程设计制作动画 4. 能配合第三方插件制作符合企业要求的 Flash 片头 5. 职业岗位指向：动画设计师	26
7	电视动画短片	基本能力训练项目《笑话"踩地雷"》拓展能力训练项目电视短片《家有儿女》思维开发训练项目	1. 作品策划及剧本编写 2. 角色设计 3. 场景设计 4. 素材准备 5. 动画制作 6. 文件的优化及发布	1. 能根据客户需要及市场调研结果设计对应需求的镜头设计稿 2. 能按工作过程设计制作动画 3. 能配合第三方软件制作符合企业要求的动画短片 4. 职业岗位指向：动画设计师	30

（4）根据行业发展动态实时更新教学内容。以学生就业为导向，专业教师利用课余时间到企业、实训基地积极开展岗位群调查与分析，保证实时了解行业、企业的发展动态，对专业课程设置、教学内容及教学资源库实时进行更新，保证教学内容与岗位要求零距离。

（5）教学过程再现企业真实工作过程。教学中，按照企业真实工作过程，从客户需求分析、分镜脚本设计、角色设计、场景设计、动画制作、动画合成、测试及发布几个阶段完整再现企业项目开发流程，使学生熟悉动画制作流程。课堂教学采用完全开放的教学模式，以企业开发项目的标准要求学生，利用多种沟通渠道，指导学生的项目实施。

（6）采取以综合能力为核心的多元化考核方式。课程考核采用过程考核与期末考核相结合、教师评价与专家评价相结合、学生自评与互评相结合、作品设计与答辩相结合的多种考核方式，全方位评价学生的专业能力、社会能力和方法能力。总评成绩由过程考核成绩、作品设计成绩及答辩成绩三部分组成，各占不同比重，全面客观地评价学生的学习效果，具体如表 3-20所示。

表 3-20 《二维动画制作》项目课程考核方式设计

评价类型	评价方式	评价主体	考核内容	分数比例 /%
过程考核成绩	学生自评、互评和教师评价	任课教师、学生	理论知识、基本技能、学习态度	50
作品设计	制作动画作品	专家、任课教师、学生	知识的应用，平面、动画制作的基本技能和综合能力，实训态度	30
答辩	现场讲解、问答	学校、专家、任课教师	平面、动画开发能力，综合应用知识、解决实际问题能力，创新能力	20

（7）建设优质的教学资源库和教学团队。开发具有职业特色的教材、多媒体课件、案例库、实训项目库、技能测试题库、演示视频等优质教学资源库，建设一支具有双师素质的优秀教学团队，为课程实施提供有力保障。

（四）项目教学方案设计

课程实施是课程建设最重要的阶段，而项目教学方案设计的好坏直接影响课程实施的效果。本课程按照企业动画开发流程，严格遵循企业动画开发规范，从培养学生自主学习能力、可持续发展能力、充分调动学生学习主动性、培养学生团队协作意识、与人沟通能力等方面入手设计了项目教学方案。以《二维动画制作》项目一为例，其教学方案设计如表 3-21 所示，其中"分镜脚本设计"任务教学设计如表 3-22 所示。

表 3-21 "贺卡"项目教学方案设计

学习项目一		贺卡	总学时：8
项目描述		发送贺卡是现代人寄托祝福的一种常见方式，在快节奏的今天，借助发送电子贺卡来表达自己对对方的祝福和情感是越来越多人的选择 基本能力训练项目《生日贺卡》，客户要求为朋友生日制作一张电子贺卡，以表达对朋友生日的祝贺。要求给朋友一个特殊的祝福，贺卡要表达欢快、喜庆的气氛，画面要美观 为了提升学生综合能力，还设置了拓展能力训练项目《友谊卡》以及思维开发训练项目，由学生利用课内或课外学时自主研究完成	
能力目标	方法能力	1. 对客户需求进行前置分析的能力 2. 根据客户要求对贺卡类型、风格及形式进行分析整理并形成书面报告 3. 根据剧本分析设计角色、背景和道具的能力 4. 能根据需要，在动画中运用脚本实现声音控制	
	社会能力	1. 与客户沟通等人际交往的能力 2. 独立思考、自主学习和可持续发展能力 3. 团队协作意识，较强集体荣誉感 4. 认真、细心、踏实肯干的做事态度 5. 严格的纪律性，服从大局，遵守规则，严于律己	
	专业能力	1. 能根据客户需求及市场调研结果设计出满足客户需要的贺卡创意文案和剧本 2. 能制作符合企业规范要求的简单的贺卡镜头稿 3. 能按企业动画项目开发流程设计制作电子贺卡 4. 能配合第三方软件对贺卡进行优化、测试和发布 5. 职业岗位指向：动画设计师	
教学资料		自编特色教材、引导课文、任务单项目评价表、项目制作相关资料	
教学环境	工具	1.PC 电脑一台 / 人、扫描仪 2. 软件（版本要求实时更新）：Flash、Photoshop、Goldwave Office	
	教学方法与学习方法	1. 项目教学法 4. 小组讨论法 7. 自学法 2. 引导课文法 5. 可视化教学法 3. 任务驱动法 6. 角色扮演法	
	教学组织形式	小组分工合作	
考核与评价		1. 学生填写项目评价表（包括学生自评、小组成员互评、小组间互评） 2. 教师依据学生表现及阶段成果给小组成员打分，并填写到项目评价表中	
任务			
任务一		客户需求分析	学时 1
教学资料		电子贺卡客户需求单、Flash 剧本写作基础知识引导文	
教学方法		任务驱动法、小组讨论法、角色扮演法、可视化教学法	
能力目标		1. 与客户沟通，对客户需求进行前置分析的能力 2. 根据客户要求对贺卡类型、风格及形式进行分析整理并形成书面报告	

知识目标		1.了解贺卡的种类及各类贺卡的风格特点 2 掌握 Flash 剧本写作的基础知识 3.掌握镜头语言的基础知识
教学过程及 手段	教师活动	1.任务描述，给出贺卡制作背景及客户需求 2.下发任务单，指导学生进行任务实施 3.展示贺卡创意文案及剧本，进行点评和总结
	学生活动	1.小组对客户需求进行分析，确定贺卡制作风格及形式，并进行组内分工 2.根据任务单要求，各成员分工完成贺卡创意文案及剧本的编写 3.各组对完成的创意文案及剧本发表意见，并进行相应修改形成终稿
阶段成果		创意文案、剧本
教学资料		分镜头脚本
任务二		分镜脚本设计　　　　　　　　　　　　　学时 1
教学方法		任务驱动法、引导课文法、小组讨论法、自学法、可视化教学法
能力目标		1.根据剧本分析角色艺术形象和故事情节结构的能力 2.能够较准确地画出简单分镜头稿的能力
知识目标		1.掌握分镜脚本基础知识 2.掌握镜头变换基础知识
教学过程及 手段	教师活动	1.任务描述，明确分镜脚本设计的具体要求 2.下发任务单，指导学生进行任务实施 3.展示分镜头脚本，进行点评和总结
	学生活动	1.运用文字处理法，自学教师下发的关于镜头变换的内容 2.根据任务单要求，小组成员采用小组讨论法依据剧本对故事情节结构进行策划并分切镜头，分工完成相应分镜脚本设计，依次编号，写出内容和处理手法 3.各组对完成的分镜头脚本发表意见，并进行相应修改，形成终稿
阶段成果		分镜头脚本
任务三		角色、场景设计　　　　　　　　　　　　学时 2
教学资料		素材库、Flash 元件库（角色、场景、道具）
教学方法		任务驱动法、引导课文法、小组讨论法、自学法、可视化教学法
能力目标		1.把握贺卡整体艺术风格的能力 2.根据分镜绘制简单人物造型和场景的能力 3.掌握使用元件嵌套法制作角色元件的方法
知识目标		1.掌握各类动画角色造型的风格特点及其造型要求 2.掌握动画角色设计规范 3.掌握动画场景的特性与设计要求

教学过程及手段	教师活动	1. 任务描述，提示小组依剧本、动画风格及分镜脚本设计角色、道具和场景，注意把握整体风格的协调一致 2. 下发任务单，指导学生进行任务实施 3. 展示角色、道具、场景设计结果，进行点评和总结
	学生活动	1. 运用小组讨论法确定角色数目及风格、道具数目及风格、场景数目及风格 2. 根据任务单要求，小组成员按任务数目进行分工，分别进行Flash 角色元件库、Flash 道具元件库、Flash 场景元件库的设计制作 3. 各组对完成的 Flash 元件（角色、道具、场景）发表意见，并进行相应修改，形成终稿
阶段成果		Flash 元件库：角色库、道具库、场景库
任务四		动画制作　　　　　　　　　　　　　学时 3
教学资料		分镜脚本、声音素材、Flash 元件库、Flash 贺卡
教学方法		任务驱动法、引导课文法、小组讨论法、可视化教学法
能力目标		1. 能够用 Flash 表现简单的镜头效果 2. 掌握使用构造函数 Sound 实现音乐控制的方法
知识目标		1. 掌握构造函数 Sound 的使用 2. 掌握 Flash 中动画合成的知识
教学过程及手段	教师活动	1. 任务描述，提示小组导入声音素材及分镜脚本，合理划分动画片段，组员分工完成 2. 下发任务单，指导学生进行任务实施 3. 展示贺卡效果，进行点评和总结
	学生活动	1. 对动画制作的工作量进行评估，确定动画片段的划分方法及分工方法 2. 根据任务单要求，小组成员按讨论结果进行分工，分别完成动画片段的制作 3. 组内对制作好的动画片段进行互评，提出修改意见，并各自修改完善 4. 组长将制作好的动画片段进行动画合成 5. 各组对完成的 Flash 贺卡发表意见，并进行相应修改，形成终稿
阶段成果		Flash 贺卡
任务五		动画测试、发布　　　　　　　　　　学时 1
教学资料		Flash 贺卡
教学方法		任务驱动法、引导课文法、小组讨论法、可视化教学法
能力目标		1. 能使用 Flash 优化、完善电子贺卡 2. 能使用 Flash 测试发布电子贺卡
知识目标		1. 掌握贺卡优化、测试知识 2. 掌握贺卡发布知识
教学过程及手段	教师活动	1. 任务描述，提示对电子贺卡进行优化、测试、发布的正确方法 2. 下发任务单，指导学生进行任务实施 3. 展示 Flash 贺卡作品，进行最终点评和总结
	学生活动	1. 确定完成本任务的过程方法 2. 根据任务单要求，小组成员按讨论结果共同完成 Flash 贺卡的优化、测试、发布任务 3. 各组对完成的 Flash 贺卡作品给出最终评价

阶段成果		Flash 贺卡
任务六		拓展能力训练项目
教学资料		Flash 电子贺卡——《友谊卡》
教学方法		任务驱动法、可视化教学法
学习方式		利用课内与课外时间互补的形式，小组分工合作完成。小组成员依据个人情况合理安排时间与进度，全程由学生小组自主研究完成
能力目标		1. 能根据项目要求，完成作品创意文案及剧本编写 2. 能依据卡片风格及剧本需要完成分镜脚本的设计 3. 能够依据剧本及分镜脚本完成角色、道具、场景的设计 4. 能够熟练运用 Flash 软件进行动画制作 5. 能够配合第三方软件完成作品的合成、优化、测试、发布任务
知识目标		同任务一至任务五
教学过程及手段	教师活动	1. 任务描述，提供项目参考 2. 下发任务单 3. 展示友谊卡作品，进行最终点评和总结
	学生活动	1. 确定完成本项目的过程和方法 2. 根据任务单要求，小组成员按讨论结果分工完成 3. 各组对教师给出的、本组及其他组完成的友谊卡作品给出最终评价
阶段成果		Flash 友谊卡
任务七		思维开发训练项目
教学资料		无
教学方法		任务驱动法、可视化教学法
学习方式		利用课内与课外时间互补的形式、小组分工合作完成。小组成员依据个人情况合理安排时间与进度，全程由学生小组自主研究完成
能力目标		1. 能根据项目要求，完成作品创意文案及剧本编写 2. 能依据卡片风格及剧本需要完成分镜脚本的设计 3. 能够依据剧本及分镜脚本完成角色、道具、场景的设计 4. 能够熟练运用 Flash 软件进行动画制作 5. 能够配合第三方软件完成作品的合成、优化、测试、发布任务
知识目标		同任务一至任务五
教学过程及手段	教师活动	1. 任务描述 2. 下发任务单 3. 对学生完成的 Flash 电子卡片作品进行点评和总结
	学生活动	1. 明确任务要求 2. 根据任务单要求，展开社会调研，网上搜集资料，确定 Flash 电子卡片类型、风格题目，组内分工并开始制作；3. 上交 Flash 电子卡片作品，各组对完成的卡片作品给出最终评价
阶段成果		Flash 电子卡片

表 3-22 "分镜脚本设计"教学设计

项目（模块）名称：贺卡

任务名称	分镜脚本设计	任务单元学时	2[√]4[ ]
任务描述	根据项目要求进行客户需求分析，确定贺卡作品风格、角色造型及场景，撰写贺卡创意方案，绘制分镜头脚本		
教学目标	知识： 1. 了解贺卡的种类及各类贺卡的风格特点 2. 能够撰写符合企业规范要求的贺卡创意文案或剧本 3. 掌握并能够较准确地运用镜头语言，绘制简单的分镜头脚本		
	能力： 1. 与客户沟通，对客户需求进行前置分析的能力 2. 能根据客户要求对贺卡类型、风格及形式进行分析整理并形成书面报告的能力 3. 策划创意脚本的能力，网上收集、整理素材的能力 4. 根据剧本分析角色艺术形象和故事情节结构的能力 5. 能够较准确地画出每个镜头稿的能力		
	素质： 1. 与客户沟通等人际交往的能力 2. 独立思考、自主学习和可持续发展能力 3. 团队协作意识，较强集体荣誉感 4. 认真、细心、踏实肯干的做事态度 5. 严格的纪律性，服从大局、遵守规则，严于律己		
教学方法	任务驱动法、小组讨论法、角色扮演法、引导课文法、可视化教学法		
评价方法	出勤、课堂表现、课堂任务完成情况		
能力训练（作业）	细化分镜脚本、绘制角色、场景草图		
教学反思			
授课班级	授课时间及地点		
	年 月 日（星期）第 节，楼 室		
	年 月 日（星期）第 节，楼 室		
	年 月 日（星期）第 节，楼 室		

（五）课程实施配套条件建设

在校内营造基于职业情境的真实工作环境，课程组搭建了3个实训平台，这些平台面向学生全天候开放，利于学生进行职业认证、就业、创业锻炼。

一是国家劳动部职业技能全国统一培训鉴定中心模拟平台。利用职业技能全国统一培训鉴定中心的模拟平台，学生可以在网页设计模块（Flash 平台）下进行项目制作，培养实际动手能力。该平台也是网页设计师高级职业资格考证实践平台。

二是腾飞科技信息有限公司。腾飞科技信息有限公司是学院创建的大学生创业中心，可以对外承接广告设计（Flash、3DS Max、平面广告）、Flash课件制作等业务。利用该创业中心，学生可以综合运用所学从事实际的Flash项目开发、设计并制作，包括客户需求分析（前期策划）、分镜设计、角色及场景设定、动画制作、后期合成以及特效制作。通过此项工作，学生可以进一步全面了解 Flash 动画制作的工作流程，提高专业能力，培养责任感和团队合作能力。

三是互联网创作平台。建立开放的互联网接入平台，利用有线方式接入，学生可以通过互联网方便地访问各类知名的动画网站，承接外包项目，发布个人作品，增强职业认同感。

第四节　无锡工艺职业技术学院室内设计专业"家居空间设计"项目课程改革实践

本案例选自无锡工艺职业技术学院环境艺术系室内设计专业项目化课程教材，该学院自 2008 年起实行项目式课程改革，摸索校企合作模式，积累了专业改革与课程建设的实践经验，环境艺术系的室内设计专业作为首轮试点专业改革试验。出版的室内设计专业项目化课程教材已列入国家示范性高等职业院校艺术设计专业精品教材。此项目共分为两个单元。

第一单元：家居空间设计的基本理念

教学方式：多媒体教学。

目的与要求：通过讲述与案例分析，理解并掌握家居空间设计的概念和设计原则，了解家居空间的设计程序与要求。

知识与技能：掌握家居空间的概念和设计原则，了解家居空间的设计程序并能灵活运用。

教学过程：理论讲述→案例分析与讨论→课题实训→指导作业→讲评与小结。

实训课题：分组讨论并记录各种家居空间室内的尺寸数据；讨论家居空间室内设计的配色方式，收集、整理、分析优秀案例；收集整理各类家具、陈设等资料。

一、家居空间设计的概念

家居空间设计是在建筑原有户型、面积、走向、结构等空间基础上的再创造。

居室的物质和精神功能应为舒适方便、温馨恬静，并以符合住户和使用者的意愿，适应使用特点和个性要求为依据，对设计者要求能以多风格、多层次、有情趣、有个性的设计方案来满足不同住宅类别（如多层工业厂房，高层公寓，独立、并列并联式住宅，别墅等）、不同居住标准和不同住户经济投入对多种类型、多种风格的室内居住环境的要求。

二、家居空间的设计原则

家居空间设计不仅与美学相关，还与人的实际需求息息相关，它从更广泛的角度去研究和解决人的各种需求。家居空间的设计应符合以下原则。

（一）应基于客户的基本情况进行设计

用户有着不同的性格和喜好，其生活方式和生活习惯也存在差异，这些因素使家居空间设计体现出不同的个性特点。

设计者对居室的室内设计要考虑下述因素：家庭人口构成（人数、成员关系、年龄、性别等）；民族和地区的传统特点和宗教信仰；职业特点和工作性质，如宜动、宜静、室内、室外、业余爱好、生活方式、个性特征和生活习惯、经济水平和消费投向的分配情况及对设计风格的认可；等等。要从这些基本情况找出明确的设计方向，符合用户的意愿进行设计。

（二）合理地安排功能分区，使用功能布局合理

合理的功能布局是家居空间装饰与美化的前提，将空间按不同功能要求进行分类并加以组合、划分，按主次、内外、动静关系合理安排各家居空间，做到公私分离、动静分离、食寝分离。明确各分区的功能要求，根据使用需求安排交通流线，通过交通流线来组织各功能空间，使家居空间格局紧凑、联系紧密。

由于空间的结构划分已经确定，住宅的室内环境在界面处理、家具设置、装饰布置之前，除了厨房和浴厕有固定安装的管道和设施，它们的位置已经确定之外，其余房间的使用功能或者一个房间内功能地位的划分需要以住宅内部使用的方便合理作为依据。

住宅的基本功能不外乎睡眠、休息、饮食、家庭团聚、会客、视听、娱乐及学习、工作等。这些功能又有静—动、私密—外向等不同特点，例如，睡眠、学习要求静，睡眠又有私密性的要求，满足这些功能的房间或位置应尽可能安排在里边一些，设在"尽端"，以不被室内活动穿通。又如，团聚、会客等活动相对闹一些，会客又以对外联系方便较好，这些房间活动部位应靠近门厅、门内走道等。此外，厨房应紧靠餐厅，卧室与浴厕贴近，这样使用时较为方便。

（三）风格造型通盘构思

构思、立意是室内设计的"灵魂"。室内设计通盘构思是指在进行设计之前，需要从总体上根据家庭的职业特点、艺术爱好、人口组成、经济条件和家中业余活动的主要内容等进行通盘考虑。例如，是富有时代气息的现代风格，还是显示文化内涵的传统风格；是返璞归真的自然风格，还是既具有历史延续性，又有人情味的后现代风格；是中式的，还是西式的。当然，也可以根据业主的喜好，不拘一格、融中西为一体混合的艺术风格和造型特征，但是需要事先通盘考虑，即所谓意在笔先。先有了一个总的设想，然后再着手地面、墙面、天棚怎样装饰，买什么样式的家具、灯具、窗帘、床罩等宅内织物和装饰小品。

（四）色彩、材质协调和谐

家居空间的基本功能布局确定，又有了一个在造型和艺术风格上的整体构思，然后就需要从整体构思出发，设计或选用室内地面、墙面和天棚等各个界面的色彩和材质，确定家具和室内纺织品的色彩和材质。

色彩是人们在室内环境中最为敏感的视觉感受，因此根据主体构思，确定住宅室内环境的主色调至为重要。例如，是选用暖色调还是冷色调，是对比色还是调和色，是高明度还是低明度，等等。

家居空间色彩可以根据总的构思要求确定主色调，考虑不同色彩的配置和调配。例如，选用高明度、低彩度、中间偏冷或中间偏暖的色调或以黑、白、灰为基调的无彩体系，局部配以高彩度的小件摆设或沙发靠垫等。

家居空间各界面及家具、陈设等材质的选用也要具有满足使用功能和人们身心感受的要求。在家庭居室内，木、棉、麻、藤、竹等天然材料再适当配置室内绿化，容易形成亲切自然的室内环境气氛，而适量的玻璃、金属和高分子类材料更能显示时代气息。

（五）突出重点，利用空间

家居室内尽管空间不大，但从功能合理、使用方便、视觉愉悦及节省投资等方面综合考虑，仍然需要突出装饰和投资的重点。近入口的门斗、门厅或走道尽管面积不大，但常给人们留下第一印象，也是回家后最先接触的室内空间，宜适当从视角和选材方面予以细致设计。起居室是家庭团聚、会客等使用最为频繁、内外接触较多的房间，也是家庭活动的中心，室内地面、墙面、顶面各界面的色彩和选材均应重点推敲，审慎设计。

三、家居空间的设计要点

家居空间按功能不同分为玄关、客厅、餐厅、卧室、厨房、卫浴、书房等区域，根据人们的活动特点又分为公共活动区域、私密活动区域和家务活动区域。例如，客厅、餐厅、娱乐室、阳台等属于公共活动区域，卧室、书房、卫浴属于私密活动区域。分析各功能区域的空间设计要求，这是家居空间设计构思的第一步。

（一）玄关

玄关即家居空间进门处，从功能上分析，此处需要有一个由户外进入户内后的过渡空间，具有空间的遮挡作用，同时具有装饰性和收纳性，因此要精心设计。

1. 玄关的功能

玄关一般具有隔断性、装饰性和收纳性三种功能。

隔断性功能是指对内部空间的遮挡，起到视觉缓冲的作用，形成心理上和视觉上的过渡，避免客人一进门就对整个空间一览无余。

装饰性功能是指玄关应是整体设计构思的集中体现，作为第一印象的发生地，具有整体设计风格的代表性。

收纳性功能是指入口玄关应具有衣帽、雨具、鞋等小件物品的存放功能。

2. 玄关的设计要点

玄关可以综合运用多种元素来体现不同的设计风格，照明设计应大方，有足够的照明度，在保证照明度的基础上使空间富有层次，也可放置一些陈设小品和绿化盆景等，地面材质以易清洁、耐磨的瓷砖为宜。

（二）客厅

客厅是融家人团聚、起居、休息、会客、娱乐、视听活动等多种功能为一体的居室。根据家庭的面积标准，有时兼有用餐、工作、学习，甚至局部设置兼具坐卧功能的家具等，因此客厅是家居空间中使用活动最为集中、使用频率最高的核心室内空间，在住宅室内造型风格、环境氛围方面常起到主导的作用，还起着联系各个空间的枢纽作用。

1. 客厅的功能

客厅的平面功能布局基本上可以分为：一组配置茶几和沙发组成的谈话、会客、视听和休闲的活动功能；联系各房间之间的交通功能，应尽可能使视听、休闲活动区不被穿通。根据住宅的总体面积，有时客厅需兼有用餐或学习等功能，则应于房间的近厨房处设置餐桌椅，学习桌椅应尽可能设置于房间的尽端或一隅，以减少干扰。

2. 客厅的设计要点

客厅的整体布局应做到会客区与交通区分开，既要保持会客、视听区的完整，又要保持与其他空间交通流线的流畅性。

客厅的装饰设计可以某一面墙体（通常是电视背景墙）作为重点装饰，其界面造型、线脚处理、用材用色都需要与整体构思相符，在造型风格、环境氛围方面起到主导作用。

客厅家具的配置和选用对住宅室内氛围的烘托起到极为重要的作用，家具从整体出发应与住宅室内风格协调统一，还可根据室内空间的特点和整体布局安排，适当设置陈设、摆件、壁饰等小品。

客厅的室内空间形状主要是由建筑设计的空间组织、建筑形体结构、经济性等基本因素确定，通常以矩形、方形等规则的平面形状较为常见，当住宅形体具有变化、造型富有特征，或者结合基地地形等多种因素，则非直角、非规则，甚至多边形等平面与相应空间形状的后室均可能出现，这时常给客厅的室内空间带来个性与特色。低层独立式的别墅类住宅较有可能形成较有个性的客厅空间形状，但非直角或多边形的平面适宜于面积稍大、较为宽敞的客厅，小面积带锐角的平面不利于室内家具的布置。当然，直角、规则平面的客厅通过墙面、隔断、平顶等界面的处理也可以在空间形状上有一定的变化。

客厅室内地面、墙面（通常是电视背景墙）、天棚等各个界面的设计在整体风格上需要与总体构思一致，也就是在界面造型、线脚处理、用材用色等方面与整体设想相符。客厅环境氛围的塑造、空间与界面的设计是形成室内环境氛围的前提与基础。

在客厅界面的选材上，地面可用条木企口地板或陶瓷地砖，墙面通常可用乳胶漆、墙纸或护壁。根据室内造型风格需要，也可以把局部墙面处理成仿石、仿砖等较为粗犷的面层，适当配以绿化，使其具有田园风格或自然风格的氛围。客厅的天棚如层高不高、房间面积不大，则一般不宜做复杂的花饰，只需于墙面交接处钉上顶角线，或者置以较为简捷的天棚线脚即可。通常，天棚可喷白或刷白，对于层高较高、面积宽敞的客厅，为使其不显单调，天棚可适当加以造型处理，但仍需注意与整体氛围的协调，如客厅灯具可用具有个性的吊灯、沙发座椅边可设置立灯等，光线宜明亮且富有层次。

（三）餐厅

餐厅的位置应靠近厨房，其既可以是单独的房间，又可从客厅中以轻质隔断或家具分隔成相对独立的用餐空间。家庭餐厅宜营造亲切、淡雅的家庭用餐氛围。餐厅中除设置就餐桌椅外，还可设置餐具橱柜，从节省和充分利用空间出发，在客厅中附设餐桌椅，或者在厨房内设小型餐桌，即所谓"厨餐合一"。

1. 餐厅的功能

餐厅的功能较单一，就餐区的设置宜靠近厨房，同时要考虑物品的收纳功能。

2. 餐厅的设计要点

在空间界面、材质、灯光、色彩及家具配置等方面，地面材料一般选择大理石、地砖等表面光洁、易清洁材料，最好使用明度、纯度较高的色调进行色彩处理，灯具造型宜讲究，灯光宜明亮，光色宜偏暖，对餐桌宜重点照明，营造融洽、温馨的用餐氛围。

"餐厨合一"时，可以通过一些装饰手段划分出一个相对独立的就餐区，如通过不同色彩、不同材质、不同的灯光配置，在视觉上把就餐区和客厅或厨房分开。

（四）卧室

卧室是住宅居室中最具私密性的空间。卧室应位于住宅平面布局的"尽端"，以不被穿通为宜。卧室设计应营造一个恬静、温馨的睡眠空间。

卧室一般分为主卧室、老人卧室、儿童卧室、客人卧室等。根据使用功能，卧室还可分为睡眠区、更衣区、化妆区、休闲区、读写区等空间。卧室的设计重心是睡眠区，设计时应提前考虑床的造型与色调及床背景墙的设计，床的位置摆放尽量私密，避免一开门就看见床。卧室室内的家具不宜过多；对于卧室各界面的用材，地面以木地板为宜，墙面可用乳胶漆、墙纸或部分用软包装饰，以烘托恬静、温馨的氛围，平顶宜简捷或设少量线脚，卧室的色彩仍宜淡雅，但色彩的明度可稍低于起居室，同时卧室中床罩、窗帘、桌布、靠垫等室内软装饰的色彩、材质、花饰对卧室氛围的营造起很大作用。卧室的照明以柔和为主，主要营造宁静私密的氛围。

（五）厨房

厨房不但是烹饪食物的地方，更是家人进餐、交流、劳作的地方，当下的人们越来越注重改善厨房的工作条件和卫生条件，更加讲究多功能和使用方便。因此，现代家居设计应为厨房营造一个洁净明亮、操作方便、通风良好的环境，在视觉上给人以井井有条、愉悦明快的感受。厨房应有对外开的窗直接采光与通风。

1.厨房的类型

根据操作台的分布形式，厨房一般分为一字形、二字形、L 形和 U 形等类型。

2.厨房的设计要点

厨房主要有备餐、供餐、餐后整理、收纳等功能，厨房内基本设施有洗涤盆、操作台、灶具、微波炉、烟机、冰箱、储物柜等。

厨房设计时，设施、用具的布置应充分考虑人体工程学中对人体尺度、动作域、操作效率、设施前后左右的顺序和上下高度的合理配置。厨房内操作的基本顺序如下：洗涤→配制→烹饪→备餐，各环节之间按顺序排列，相互之间的距离适宜，操作时省时方便。

厨房的操作台、储物柜等一般按照工厂化制作、现场安装的模式进行设计、实施。一般由橱柜生产或经营单位的技术人员到厨房现场量尺寸，出图后由工厂加工，然后再现场安装。

厨房的各个界面应考虑防水和易清洗，通常地面可采用陶瓷类地砖，做防滑处理；墙面用防水涂料或面砖；厨房的照明不仅是对烹饪区的照明，还是对洗涤、备餐、操作区的照明，应注意灯具的防潮处理。另外，厨房的设计还应注意水、电等管道设施的位置。

（六）卫浴间

卫浴间是家居空间不可缺少的一部分，且同样具有较高的私密性。一个卫浴间应具备如厕、洗漱、沐浴、洗衣、化妆等功能，具体情况需根据实际的使用面积与主人的生活习惯而定。大面积住宅常设置两个或两个以上的卫浴间。

1. 卫浴间的类型

从布局上讲，卫浴间大体分为综合式和间隔式两种类型。综合式布置就是将浴室、便器、洗漱盆等都安排在同一个空间。间隔式布置一般是将浴室、便器纳入一个空间，而将洗漱空间独立出来。

2. 卫浴间的设计要点

卫浴间的设计必须做到全面考虑、合理安排，既要符合美观和实用的原则，又要充分表达个人情趣和个性特点。

卫浴间中各界面材质应具有较好的防水性能，且易于清洁，地面防滑极为重要，常选用的地面材料为陶瓷类防滑地砖，墙面为防水涂料或陶质墙面砖，吊顶除需要有防水性能外，还需要考虑便于对管道的检修，宜设置排气扇。

第二单元：家居空间设计案例分析

教学方式：多媒体教学。

目的与要求：通过讲述与案例分析，理解并掌握单身公寓、三室两厅等家居空间的概念和设计原则。

知识与技能：掌握单身公寓、三室两厅等家居空间的设计方法，具备各种家居空间设计的能力

教学过程：理论讲述→案例分析与讨论→课题实训→指导作业→讲评与

小结。

实训课题：掌握单身公寓、三室两厅等家居空间室内的尺寸数据；讨论家居空间室内设计的配色方式，并收集整理优秀案例进行分析；收集整理各类家具、陈设等资料；进行单身公寓、三室两厅等家居空间设计。

一、单身公寓设计

（一）概念

单身公寓大多集中在市区繁华地段，以其便利的交通、较小的面积、合理的价格、完备的物业管理及时尚的包装理念受到年轻购房者的追捧，成为居住体系中的一个有机组成部分

（二）用户对象

单身公寓的用户对象主要为公司白领、新婚小家庭等为事业拼搏的年轻一族，这些人工作年限短，区域流动性大，收入较高，讲究生活品质，对时尚生活的需求强烈，并且对交通、生活设施和环境的依赖程度较高，对周边的配套设施要求比较苛刻，需要独立的个人空间。

（三）空间特征

单身公寓的面积不大，一般为 20 ~ 45 m²，一般包括一个卧室、一个厅、一个卫浴间、一个厨房和一个阳台。正所谓："麻雀虽小，五脏俱全。"单身公寓兼顾了实用性和多功能组合，在基本满足日常生活的空间需求的基础上，还可合理地安排多种功能活动，包括起居、娱乐、会客、储藏、学习等。

（四）设计要点

1. 充分利用空间

单身公寓面积较小，既要满足人们的起居、会客、储藏、学习等多种生活需求，又要使室内不致产生杂乱感，同时要留余地，便于主人展示自己的个性，这就需要对其进行合理安排，充分利用空间。例如，可以利用墙面、角落多设计吊柜、壁橱等家具，以节省占地面积，也可以选择多用组合柜，利用一物多用来节省空间。

2. 采用灵活的空间布局

由于面积较小，单身公寓应采用灵活的空间布局，根据空间所容纳的活动特征进行分类处理，将会客、用餐等公共性活动区域布置在同一空间，而睡眠、学习等私密性活动区域纳入另一空间，同时要注意其活动区域互不干扰，可以利用硬性或软性的分隔手段区分两个区域。

3. 注重扩大空间感

可以采用开放式厨房或餐厅、客厅并用等布局，在不影响使用功能的基础上，利用空间的相互渗透增加层次感和空间感，如利用材质、造型、色彩及家具区分空间，尽量避免绝对的空间划分；利用采光来扩充空间感，使空间变得明亮开阔；在配色上应采用明度较高的色系，最好以柔和亮丽的色彩为主调，避免造成视觉上的压迫感，使空间显得宽敞。

4. 家具选择注重实用

在家具选择上要注重实用，尺寸可以小巧一点，应选择占地面积小、收纳容量高的家具，或者选用可随意组合、拆装、折叠的家具，这样既可以容纳大量物品，又不会占用过多的室内面积，为空间活动留下更大的余地。

二、三室两厅住宅设计

（一）概念

三室两厅住宅是相对成熟的一种房型，也是最为常见的大众房型。设计对象涵盖各种家庭，对空间的使用频率较高，三室两厅住宅具有较充裕的居住面积，在布置上可以有较理想的功能居室划分空间，功能分区明确，主客分流、动静分离。

（二）客户对象

三室两厅住宅其用户对象主要为三口之家或两代人共同生活的家庭。用户大部分有一定的经济实力或社会地位，讲究功能且方便实用，家庭成员之间需要独立空间。

（三）空间特征

多居室住宅具有相对充裕的居住面积，一般为 $120 \sim 150$ m^2，可包括两个厅，三个卧室，两个卫浴间，一个厨房，一至两个阳台，以及其他的附属用房。多居室型住宅的特点是功能分区明确，会客、娱乐、起居、休息、学习、工作等独立性强。

（四）设计要点

1. 功能分区要明确合理

三室两厅住宅建筑面积充裕，在布局上可以划分各家庭成员需要的功能区域，如会客区、就餐区、收纳区、休息区等，各功能区域既相互联系又保持一定的独立性。布局形式应以实用原则为主，根据家庭人口构成及家庭成员的生活习惯设计。

2. 风格统一，突出重点

三室两厅住宅设计应综合用户及其家庭成员的审美情趣，将造型、色彩、材质、家具、陈设等因素全盘考虑，形成统一的风格。同时，应根据使用者的不同需求进行设计，突出重点。

3. 着重考虑实用性

三室两厅住宅设计应繁简得当、功能齐全，一切从实用的角度出发。洗衣、洗澡、做饭、储藏等生活设施要考虑周到。其配套设施（包括水、电、取暖、通风、供热及其他设备）应考虑周到。

三、家居空间设计程序

（一）设计前期准备

1. 项目计划

本阶段组建项目负责小组，了解项目的大致时间及背景，确定初步项目时间计划及人员安排。

2. 与用户前期沟通

本阶段应充分了解用户背景，了解用户对使用空间的使用要求。用户的使用要求将决定空间的性质，并产生相应的设计要求。

3. 项目现场的勘测

设计师必须到现场了解情况，对场地尺寸进行测量与复核，并将实地勘测情况详细记录于原始建筑图中，仔细考察建筑结构，检查楼板或天花板是否存在裂缝或漏水等建筑质量方面的问题，熟悉工程施工规范条例，提出修改建议。

（二）方案设计与制作

1. 概念设计

项目小组进行方案设计前的设计分析与定位，初步明确设计方案，绘制平面布置图、布置图等设计图纸。

（1）用户要求与现场情况分析。设计师应就方案设计前期准备收集的信息资料进行列表分析，抓住主要信息作为设计定位依据。结合用户要求和功能的内在联系分析空间功能关系，确定交通流线与空间分布。与相关专业人员分析水、电、气、暖等设施的位置、规格、走向，分析建筑结构关系，与周围建筑的关系及配套设施情况。

（2）设计风格与理念定位。经过项目组讨论，综合所得信息进行设计理念定位和设计风格定位，根据所得资料提出各种可行性的设计构思，并与用户进行初步交流。

2. 方案修改与确定

将设计风格与理念贯穿方案设计，进行空间平面布局和功能区域的划分，对各个界面的造型、色彩、材质、风格进行整体考虑，将绘制方案与用户进行沟通，确定方案的可行性，绘制相关效果图草案，初步确定方案。

3. 细化方案

进一步选择装饰材料和深化装饰造型，绘制方案图纸，可以用功能分区图表现空间类型划分，用活动流线图表现空间组合方式，用透视图表现空间形态，并做好色彩配置方案，与客户确定家具等设计内容，确定主要材料及设备要求。

4.绘制设计效果图和施工图

利用 AutoCAD 软件进行施工图绘制，结合 3DS Max、Photoshop 等软件进行效果图绘制。

5.施工技术交底

设计人员与施工人员进行施工图纸技术交底，阐述施工细则。

四、家居空间设计案例

（一）项目介绍

本案例是位于某花园小区内建筑面积为 150 m² 框架结构的三室两厅住宅。

（二）用户情况

本案例用户为三口之家，先生为某机关单位人员，妻子为大学教师，有一个 10 岁的女孩儿。用户夫妻均有一定的文化修养，讲究生活品质，注重生活情调，追求宽松、休闲、简约的生活方式。

（三）实地体验

1.测量户型

进入现场测量户型，进行详细的尺寸标注。

2.土建情况分析

现场勘测和建筑图纸分析得出，该住宅为框架结构，户型布局基本合理，经过跟业主讨论，明确对局部功能进行调整。

（四）设计构思

整体的设计构思主要是指在居住空间设计过程中要有一个明确、清晰的设计主题。这个主题包括设计师根据用户的习惯为其选择一个装饰设计风格的主调，不论是现代风格还是传统风格，先要做好风格定位，同时围绕设计主题所采用的材料、色彩、陈设及一切装饰手法要协调统一。有了整体的设计构思和风格定位后，设计师应采用与设计主题和风格相符合的材料、色彩、家具、陈设等去表现室内空间，所以要整体构思室内设计元素的运用。

（五）设计定位

（1）功能分析，根据用户家庭成员情况和实际生活需求进行该案例的功能定位。

（2）形式上满足用户夫妻喜欢的现代元素的特点，体现时尚简约的设计风格，以迎合用户的文化内涵。

（3）选择耐久、质量可靠的环保材料，聘用专业的施工队伍。

（4）考虑业主的装修费用。

（六）手绘设计方案草图

手绘是室内设计师心与智的表现，是设计创意从意识到形态的演化过程。手绘的目的是画者凭借本身的艺术素养与技术，通过不同的表现手法和风格，用自己的设计语言去阐述、表现其设计创意的效果。它比计算机所表现的程式化图纸拥有更感人的感染力，能够使观者与设计师达成意识上的沟通与共鸣。

（七）计算机绘制设计图和效果图

方案草图得到用户的认可后，便进行方案的平面图、立面图及效果图的制作，目的是将更加准确、逼真的视觉形象展现给用户，使用户能更深一步地认知居住空间。

五、实训项目：家居空间课题设计实训

（一）实训目的

通过设计实际工程项目使学生掌握住宅空间的设计与施工过程，提高全面处理室内空间功能、结构、设备、构造及艺术风格问题的能力，达到独立完成工程方案表现及技术设计图纸的能力。

（二）实训要求

（1）了解单身公寓、三室两厅等居住空间的设计程序，掌握各种居住空间的设计原则和设计理念。

（2）对单身公寓、三室两厅等居住空间的功能划分、尺度要求和设计风格有一定的认识。

（3）培养学生对同类、不同类居住空间进行对比的能力和团队协作的精神。

（4）设计中注重发挥创新意识。

（三）实训指导

1. 市场调研，写出考察报告

考察报告包含的内容：考察时间、考察地点、考察方式、考察内容和考察体会。

根据考察报告分析现状、发展趋势。

要求学生对所收集的信息进行列表分析，并抓住主要信息得出较准确的现状分析结论。

2. 设计准备阶段

（1）现场勘测。

（2）拟定设计任务书（使用功能、确定面积、经营理念、风格样式和投资情况等）。

3. 居住空间设计定位和设计程序

（1）概念草图设计，包括反映功能方面的草图、反映空间方面的草图、反映形式方面的草图、反映技术方面的草图。

（2）居住空间方案草图设计，进行方案的分析与比较，确定设计方案。

本阶段要求学生将设计风格和理念定位贯穿方案设计，初步确定设计方案。

进行居住空间平面设计。这一步主要进行空间的调整与再创造，表现空间类型划分和家具的布局。

进行居住空间的天花设计。合理运用进行室内天棚装饰材料，掌握室内天棚光环境设计的方法。

进行居住空间的立面设计。合理运用室内装饰材料，掌握室内色彩设计的要求与方法，掌握室内家具与陈设的内容和设计方法并合理选用与配置。

要求将设计方案以方案图的形式表现出来：以功能分区图表现空间类型划分，以活动流线图表现空间组合方式，做好色彩配置方案。

（3）方案设计效果的表达，包括绘制手绘效果图，透视方式及视角的选择与绘制，空间感、光影关系的表达，色彩的处理与表现，质感的表现，陈设品、植物的表现。

（4）施工图纸的制作。本阶段要求利用工程制图软件将设计施工图制作出来，在制作过程中注意调整尺度与形式，着重考虑方案的实施性：绘制平面图、顶面图、立面图、节点大样图、计算机效果图，以 AutoCAD 软件绘制设计图纸，3DS Max 软件三维建模，以 Lightscape 软件渲染，以 Photoshop 软件后期处理和出图，以设计说明形式表述方案。

五、总结

单身公寓、三室两厅等各种居住空间设计是室内设计的主要内容，通过设计演练使学生了解各种居住空间的设计内容、设计程序及设计流程的分析方法，培养学生的设计能力、方案表达能力和绘图能力。

参考文献

[1]   毕蓉.高职项目课程教学设计过程模式的构建[J].职业技术教育，2010，（17）.

[2]   戴士弘.应用型院校整体教改—现代项目教学理论与实践[M].北京：清华大学出版社，2019.

[3]   戴士弘.职业教育课程教学改革[M].北京：清华大学出版社，2007.

[4]   丰明高，张塔洪，家居空间设计[M].长沙：湖南大学出版社，2010.

[5]   高小红，孟亮.职业教育项目课程体系设计研究[J].职业教育研究，2010，（9）.

[6]   郝超，蒋庆斌.高职教育项目课程的开发原则与开发方法[J].中国职业技术教育，2008，（2）.

[7]   姜大源.论高职教育工作过程系统化课程开发[J].徐州建筑职业技术学院学报，2010，（3）.

[8]   李贤政.高职院校人才培养方案核心要素的思考与分析[J].中国高教研究，2010，（2）.

[9]   马军.高职项目化课程体系研究[M].北京：北京理工大学出版社，2011.

[10]   石伟平.我国职业教育课程改革中的问题和思路[J].中国职业技术教育，2006，（1）.

[11]   孙红艳.职业教育项目化教材设计研究[D].上海：华东师范大学，2010.

[12]   王利明.高等职业教育课程开发与实施技术[M].北京：中国轻工业出版社，2011.

[13]   王叶.室内设计—项目式教学基础教程[M].武汉：华中科技大学出版社，2016.

[14]   徐国庆.论职业教育项目课程体系的设计[J].职教论坛，2009，（18）.

[15]   徐国庆.职业教育项目课程的内涵、原理与开发[J].职业技术教育，2008，29，（1）.

[16]   徐国庆.职业教育项目课程开发指南[M].上海：华东师范大学出版社，2009.

[17]   徐国庆.职业教育项目课程原理与开发[M].上海：华东师范大学出版社，2016.

[18]   姚奇富，张启富.高职教育项目课程开发校本研究[M].中国水利水电出版社，

2014.

[19]　姚奇富. 高职教育项目课程开发校本研究 [M]. 北京：中国水利水电出版社，
2014.

[20]　张启富. 项目课程开发和实施初探—以《证券交易服务》课程为例 [J]. 浙江工
商职业技术学院学报，2010，（4）.

[21]　赵志群. 职业教育工学结合一体化课程开发指南 [M]. 北京：清华大学出版社，
2009.